BARTÓK

THE SELECTED WORKS FOR PIANO

5

바르토크集

MIKROKOSMOS 미크로코스모스

III

Edited and Revised
by

TAKASHI YAMAZAKI

Commented
by

NOBUHIRO ITO

태림스코어

CONTENTS

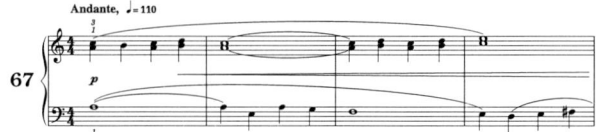

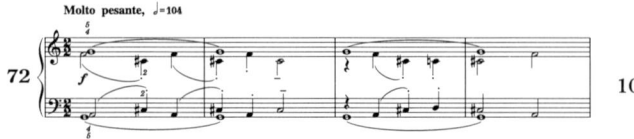

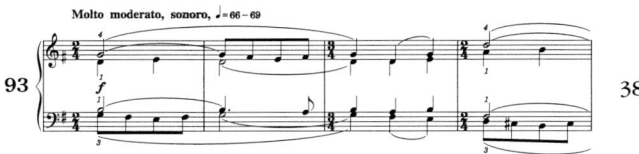

작곡자 서문

《미크로코스모스》중 앞의 네 권은 나이에 상관없이 피아노 초보자를 위해 쓰여진 교재로, 학습 초기 단계에 만나는 단순한 기술적 문제를 최대한 보완할 수 있도록 되어 있습니다. 제1권부터 3권까지는 피아노를 시작한 지 1~2년 된 사람들에게 알맞은 곡입니다. 이 세 권은 기술적·이론적인 해설이 없다는 점에서 지금까지의 '피아노 교칙본'과는 차이가 있습니다. 이들은 교사가 학습자에게 설명하도록 남겨진 것입니다. 비슷한 문제를 다룬 곡이 두 곡 이상 수록된 경우도 있는데, 그때 교사와 학습자는 자신들이 스스로 필요한 곡을 선택할 수 있습니다. 반드시 모든 학습자가 96곡 전곡을 다 배워야 한다는 법은 없으며, 그것은 불가능하거니와 추천하는 방법도 아닐 것입니다.

앞의 네 권의 마지막에는 연습에 도움이 되도록 연습과제가 제시되어 있는데, 거기에 괄호로 표시된 숫자는 동일한 기술적 문제가 포함된 곡 번호를 나타냅니다. 같은 기술적 문제가 복수의 연습과제로 사용된 경우가 있습니다. 이때도 교사는 학습자의 능력에 맞춰 알맞은 선택을 해야 하며, 앞서나가는 학습자에게는 보다 어려운 과제를, 아직 진전이 더딘 학습자에게는 쉬운 과제를 골라주도록 합니다. 이 연습과제들은 관련된 기술적 문제를 포함한 곡으로 들어가기 전에, 그리고 바로 직전보다는 어느 정도 적당한 시기에 정해두어야 할 것입니다. 아주 초보적인 과제, 즉 다섯 손가락을 위한 연습, 엄지손가락을 넘기는 연습, 분산화음의 연습 등은 여기에 포함되지 않습니다. 이러한 점에서 종래의 '피아노 교칙본'과는 다르다고 할 수 있습니다. 피아노 교사라면 그러한 연습에 관해서는 잘 알고 있을 것이고, 경우에 따라서는 적당한 연습곡을 찾아낼 수 있다고 생각했기 때문입니다.

곡과 연습과제는 기술적·음악적인 난이도에 따라 나열되어 있는데, 이것은 대략에 불과합니다. 교사는 그 순서를 각 학습자들의 능력에 맞춰 바꾸어도 무방합니다. 특히 제1권부터 3권의 경우, 메트로놈 기호와 연주시간의 표시는 단순한 참고사항 정도로 생각합니다. 처음 몇 십 곡은 경우에 따라 보다 빠르게, 또는 보다 느리게 연주해도 좋습니다. 학습이 진행됨에 따라 빠르기는 자유롭게 정해지는 것이 아니기에, 제5권과 6권의 빠르기 표시는 꼭 지켜야 합니다. 곡 번호에 붙여진 별표(*)는 권말에 주석이 있다는 의미입니다.

제43, 44, 55, 68번의 네 곡에는 제2피아노 파트가 추가되어 있습니다. 학습자가 가능한 빠른 단계에 합주를 시작하는 것은 중요합니다. 물론, 이 두 대의 피아노를 위해 쓰인 곡은 두 대의 피아노가 사용할 수 있는 레슨실에서(레슨에는 그것이 바람직합니다만)만 사용될 것입니다. 다른 네 곡, 즉 제65, 74, 95, 127번은 피아노 반주가 있는 가곡으로 쓰여졌습니다. 모든 악기의 연습은 학습자가 노래하는 것으로부터 시작되어야 합니다. 그렇게 시작된다면, 이 곡들과 피아노를 위한 곡을 연주하는 것은 어려운 일이 아닙니다. 학습자는 이때 2단 악보가 아닌, 3단 악보를 읽는 연습을 하게 되고, 반주를 하면서 스스로 노래할 수 있게 될 것이기 때문입니다. 제74번과 95번은 수월하게 연주할 수 있도록 피아노 솔로 버전도 넣어두었습니다. 이 버전을 먼저 연습하고, 그 다음에 노래와 피아노 버전에 임하면 좋을 것입니다. 제65번은 다양한 연주 형태에 대해서 제2권의 권말에 부록이 있습니다.

제4권으로 들어갈 때는 예를 들어, J. S. 바흐의 《안나 막달레나 바흐를 위한 클라비어 소곡집》, 또는 체르니의 적당한 연습곡 등의 곡집과 함께 조합해서 공부하면 좋고, 또 그렇게 해야 한다고 생각됩니다. 간단한 곡이나 연습과제에 대해 다른 조성으로 이조해서 연주해볼 것을 권합니다. 제1권부터 3권의 어느 곡을 편곡해보는 것에도 도전해 보세요. 여기에서 말하는 편곡이란 '엄격한' 것으로, 예를 들어 하프시코드로 연주하는 것처럼 어떤 성부에 옥타브를 더해 연주해보는 것과 같은 것을 말합니다. 그리고 제45, 51, 56번 등은 두 대의 피아노로 옥타브를 더해 연주해보는 것도 가능합니다. 보다 더 대담한 편곡으로는 제69번(제3권)의 반주를 다음과 같은 형태로 바꾸는 것도 가능합니다.

그렇게 하면 제10-11, 14-15, 22-23, 26-27, 30, 32-33마디 등은 능숙하게 빠져나가야 할 장면이 발생합니다. 이러한 다양한 가능성이 있기 때문에 마땅히 해야 할 해결은 교사나 학습자에 의해 이루어지는 것이 좋을 것입니다.

편곡에 대해 이야기하자면 몇 개의 곡들(간단한 곡 중에서는 제76, 77, 78, 79, 92, 104b번, 보다 어려운 곡 중에서는 제117, 118, 123, 145번 등)은 하프시코드로 연주하기에 알맞은 곡입니다. 하프시코드의 옥타브를 더하는 방법은 레지스터의 조작으로 가능하게 됩니다.

마지막으로 《미크로코스모스》의 또 다른 사용법으로, 보다 앞선 학습자에게 초견 연습의 교재로 유효하다는 사실을 덧붙이고자 합니다.

벨라 바르토크
(이토 노부히로 역)

BARTÓK

THE SELECTED WORKS FOR PIANO

5

MIKROKOSMOS III

Terzen gegen eine Stimme / Tercekhez egy harmadik szólam

단성부에 대한 3도 겹음

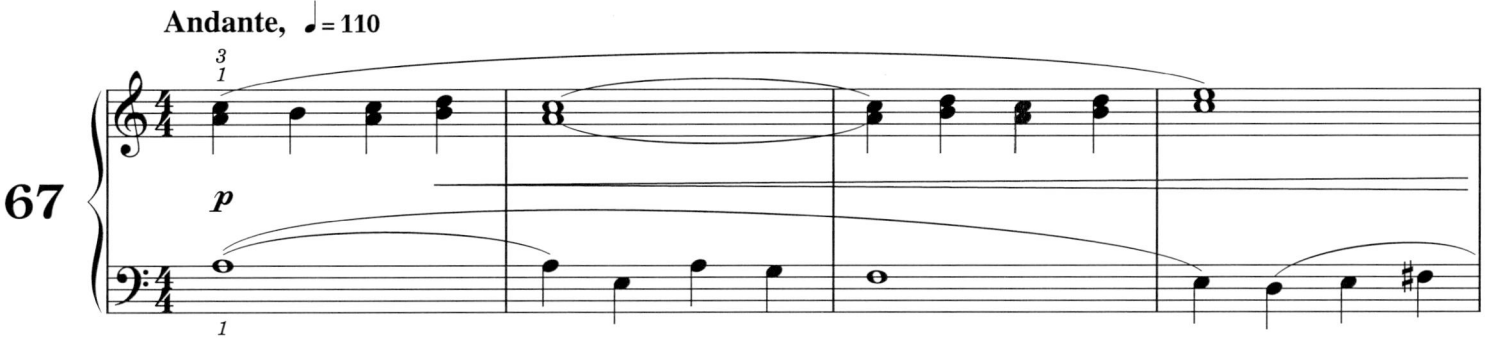

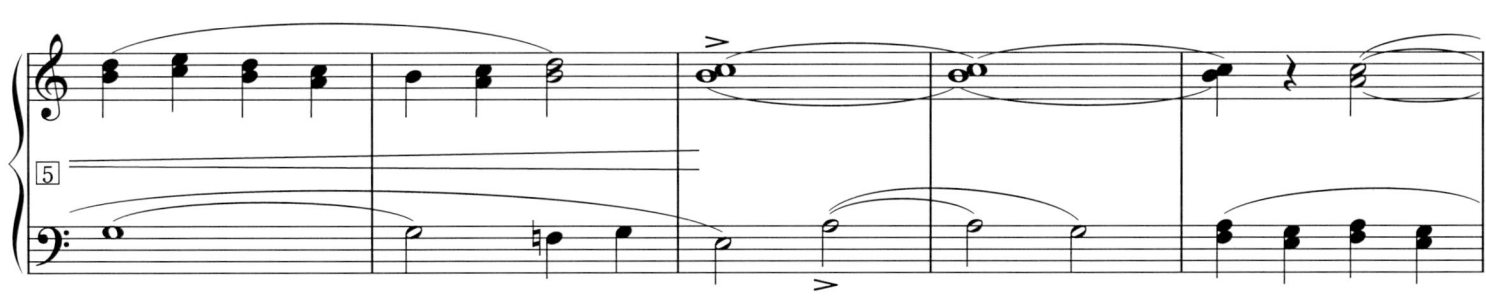

(35")

Ungarischer Tanz / Magyar tánc

헝가리 무곡

(30")

6

Akkordstudie / Akkordtanulmány

화음 연습

(1'00")

Melodie gegen Doppelgriffen / Dallamhoz kettősfogások

선율에 대한 겹음

(1'08")

Terzen / Tercek

3도 겹음

(1'15")

Tanz der Drachen / Sárkánytánc

용의 춤

(30")

Sexten und Dreiklänge / Kettős és hármasfogások

6화음과 3화음

(37")

Ungarisches Lied / Magyar párosító

헝가리의 노래

a)

(38")

b)

Allegro moderato, ♩=106

Vi - rág Er - zsi az á - gyát

Ma - gas - ra ve - tet - - te, Ka - ra Ist - ván ka - lap - ját Raj - ta fe - lej -

tet - - te. "Hozd ki, Er - zsi, ka - la - pom, Had' te - gyem fe -

jem - be, Hogy ne néz - zen min - den lány Ra - gyo - gó sze - mem - be."

Ki is hoz - ta ka - lap - ját, Fe - jé - be is tet - te, Nem is né - zett

min - den lány Ra - gyo - gó sze - mé - be. Ra - gyo - gó sze - mé - be.

(38")

Triolen / Triolák

셋잇단음표

Dreistimmigkeit / Háromszólamúság

3성부

(27")

Kleine Studie / Gyakorlat

작은 연습곡

(36")

Fünfstufige Skala / Ötfokú hangsor

5음 음계

(27")

Hommage à J. S. B.

J. S. 바흐를 기리며

(50")

Hommage à R. Sch.

슈만을 기리며

Andantino, piacevole, ♩ = 72

80

(37")

Umherirren / Bolyongás

방랑

(1'00")

Scherzo

스케르초

Melodie mit Unterbrechungen / Dallam meg-megszakítva

중단되는 선율

(45")

Spielerei / Mulatság

명랑한 놀이

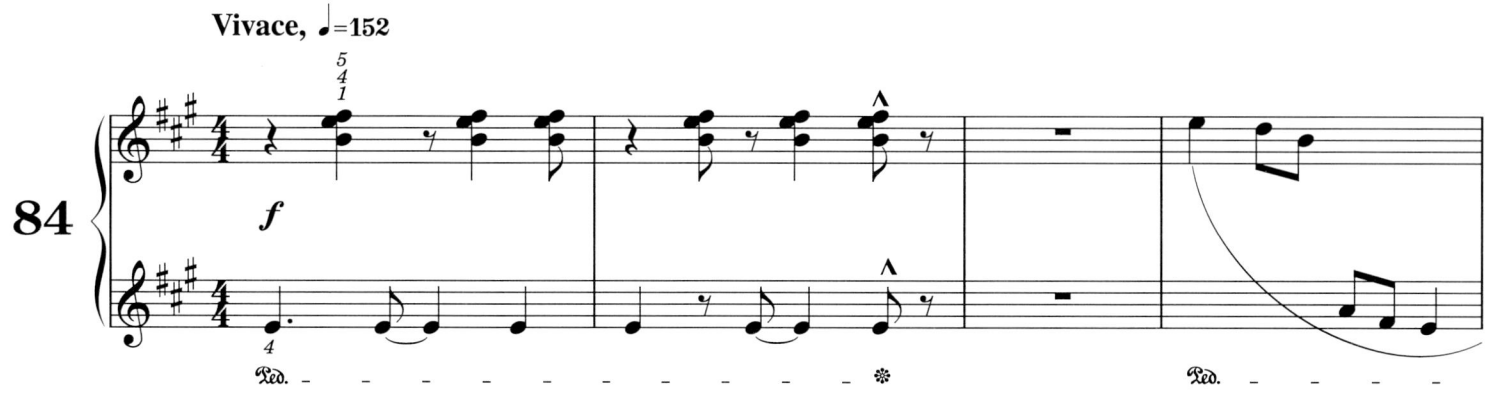

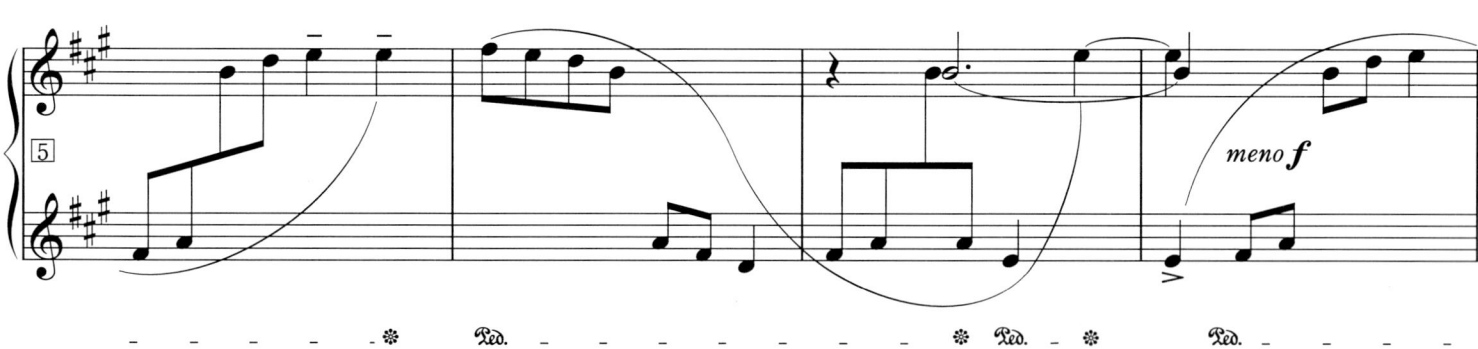

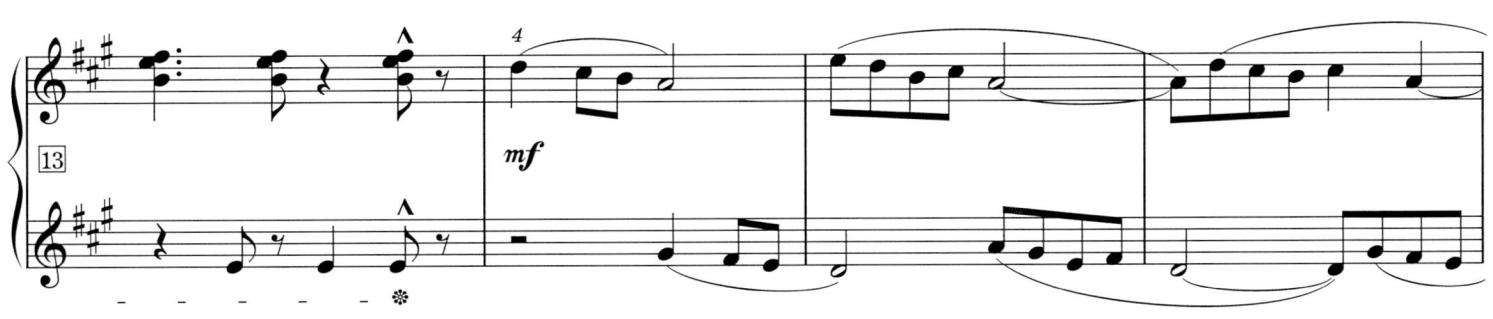

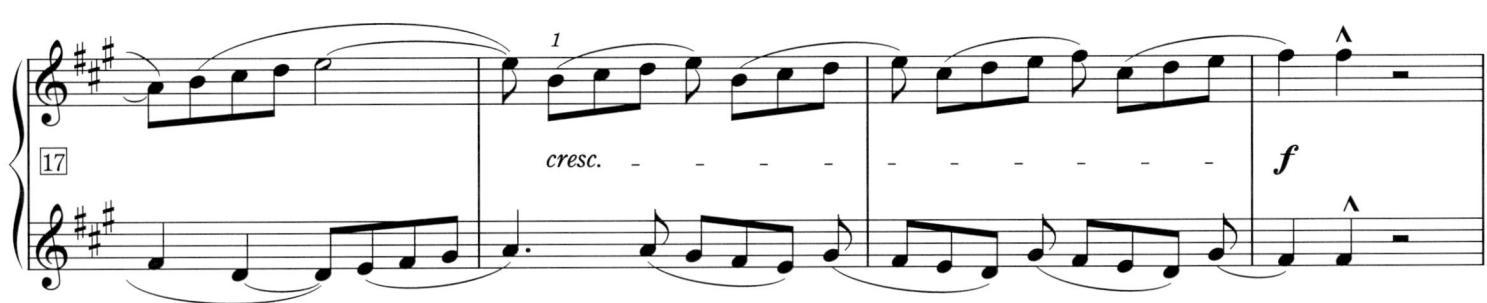

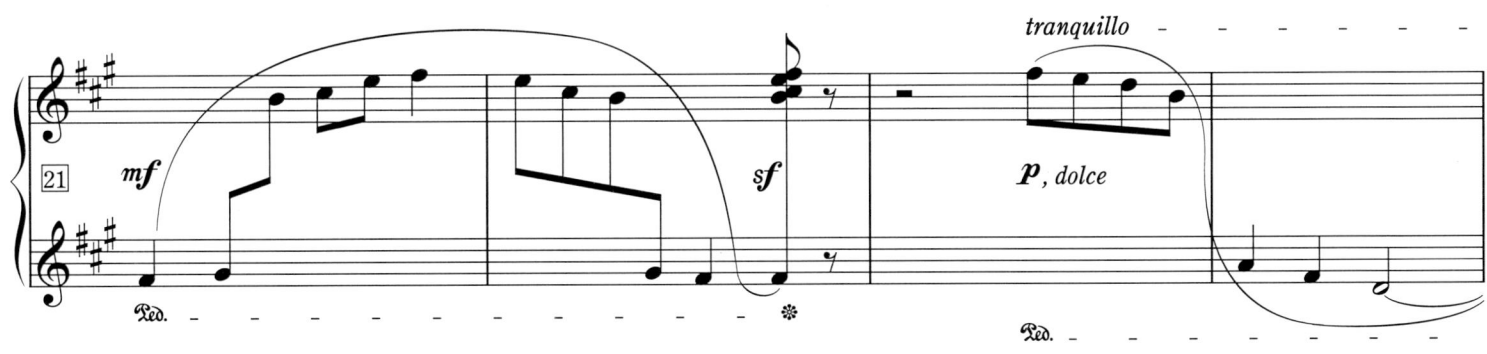

(45")

Gebrochene Akkorde / Tört Akkordok

분산화음

(1'17")

28

Zwei Dur Pentachorde übereinander / Két dúr pentachord
두 장조의 5음 음계

86

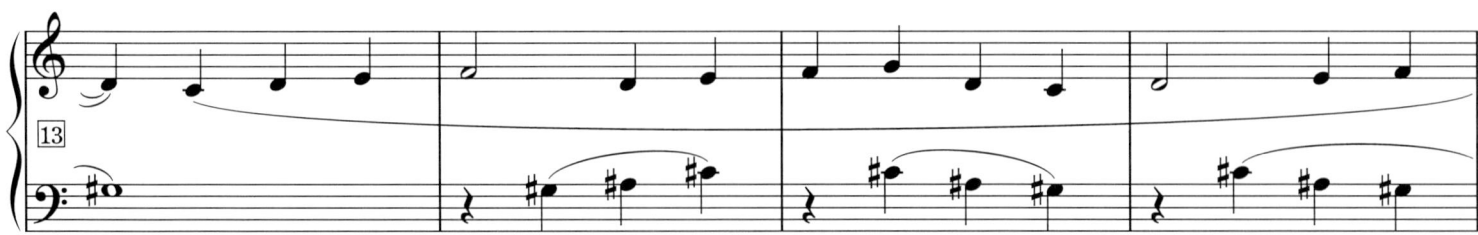

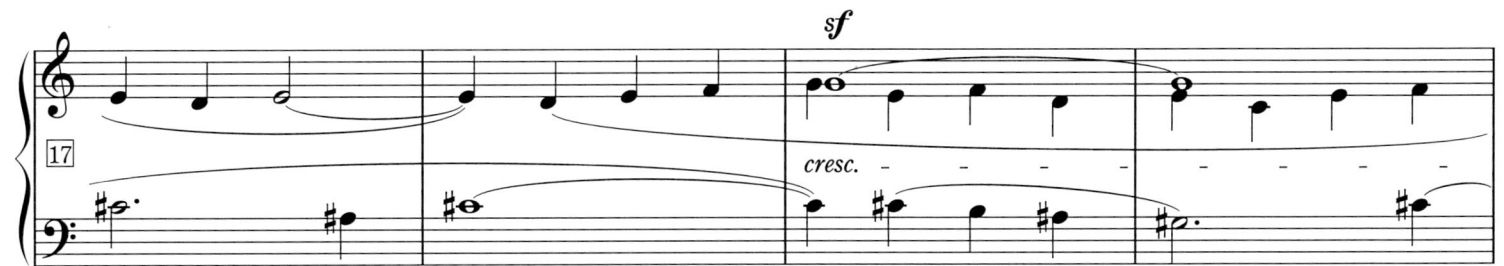

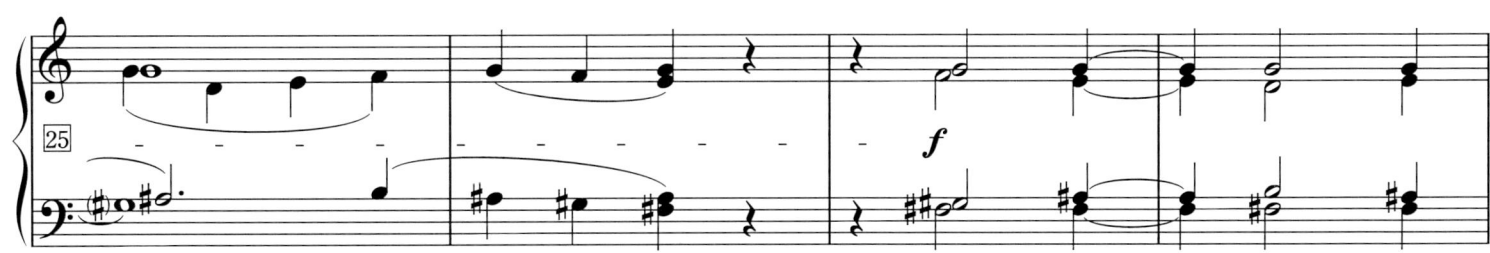

Tempo I.

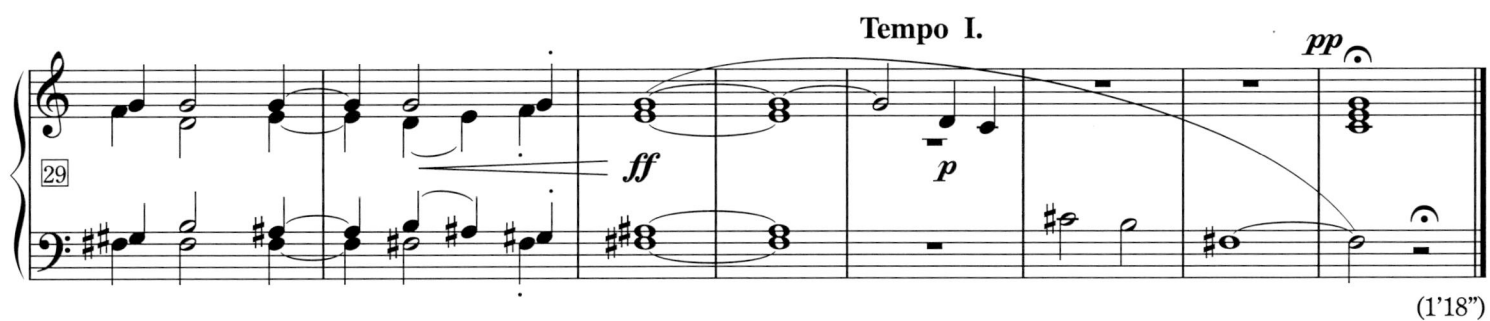

(1'18")

Variationen / Változatok

변주곡

Lo stesso tempo (♩ = 138), tranquillo

mf, cantabile

Più andante, ♩ = 160   *calando*

(1'20")

32

Pfeifenduett / Sípszó

갈대피리의 소리

(1'00")

Vierstimmigkeit / Négyszólamúság

4성부

（1）

89

Nach russischer Art / Oroszosan

러시아풍으로

(37")

Chromatische Invention / Kromatikus invenció

반음계적 인벤션
(1)

(55")

Chromatische Invention / Kromatikus invenció

반음계적 인벤션

（2）

(40")

38

Vierstimmigkeit / Négyszólamúság
4성부
（2）

Molto moderato, sonoro, ♩= 66 – 69

93

(37")

Erzählung (Es war einmal) / Hol volt, hol nem volt.....

옛 이야기

(55")

Lied vom Fuchs / Róka-dal

여우의 노래

a - ró - ka. "Meg - állj, ró - ka, meg - les - lek, A töm - löc - be
je - der Stund. Doch der Fuchs kam schnell her - bei, Stahl ein Huhn und

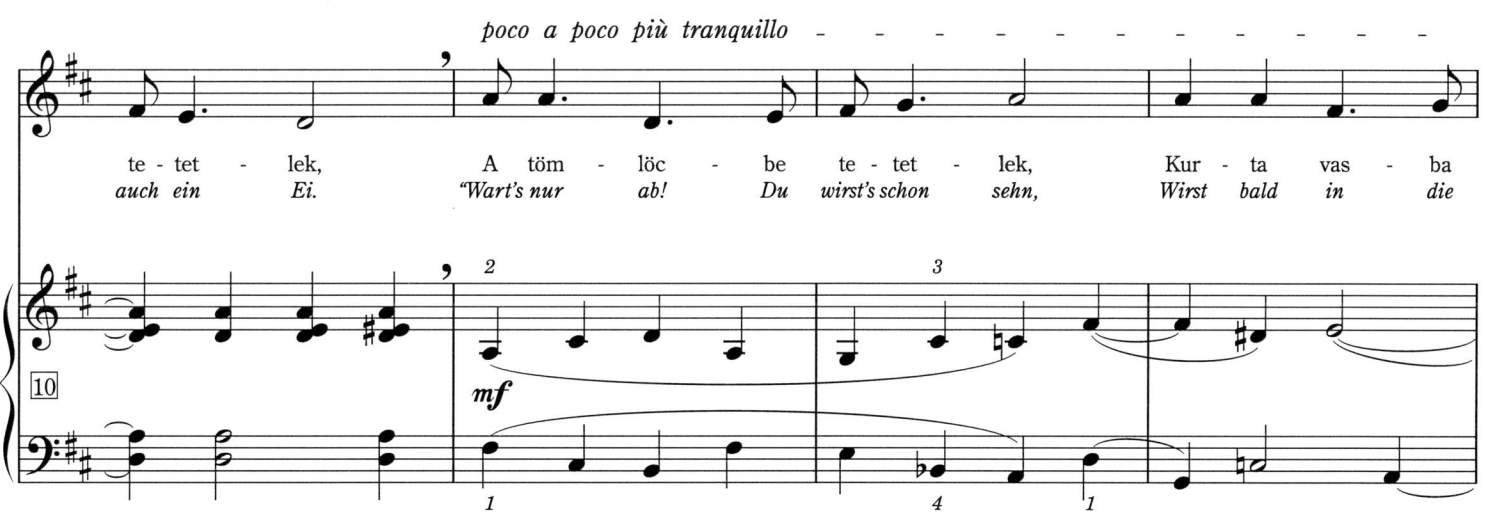

poco a poco più tranquillo - - - - - - - - - - - - -

te - tet - lek, A töm - löc - be te - tet - lek, Kur - ta vas - ba
auch ein Ei. "Wart's nur ab! Du wirst's schon sehn, Wirst bald in die

- - - - - *e rallentando* - - - - - *al*   ♩ = ca. **88**   **Tempo I.**

ve - ret - lek. Kur - ta vas - ba ve - ret - lek, So - ha ki nem e - reszt - lek."
Fal - le gehn. Kannst nie wie - der da hin - aus, Mit dem Räu - bern ist's dann aus."

(40")

Stockungen / Zökkenők

험한 길

(45")

Anhang : Übungen / Függelék : Gyakorlatok

부록 : 연습과제

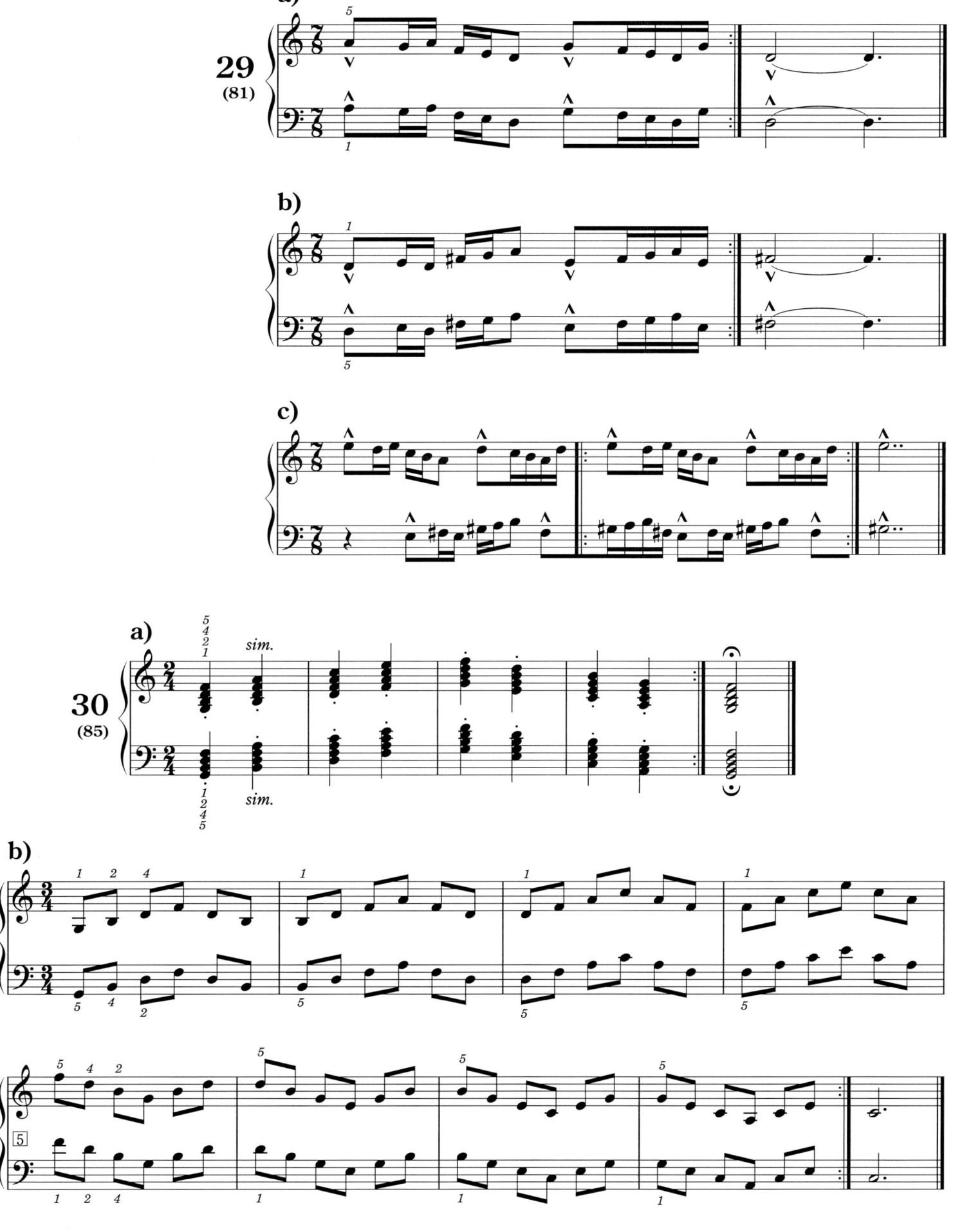

Anmerkungen 주석

제68번
제2피아노의 파트 없이도 연주 가능.
제74번
서문을 참조할 것.
제86번
펜타코드: 7음 음계의 처음 다섯 음.
제95번
서문을 참조할 것.

권 말

바르토크의 피아노 음악

이토 노부히로(伊東信宏)

'클래식'이나 '전위'라는 음악의 장르 구분도, 지역이라든가 민족에 의해 구별해 오던 음악 양식도, 점차 그 경계가 애매해지면서 차이점마저 사라지고 있는 현대의 음악 상황에서 벨라 바르토크(Béla Bartók, 1881~1945)의 음악은 서서히 그 중요성을 드러내는 듯하다. 그의 음악은 바흐의 엄격함과 베토벤의 진중함을 계승하면서도 쉰베르크의 12음주의와 스트라빈스키의 신고전주의의 틈새를 비집고 야생동물과 같은 탄력성과 과민할 정도의 섬세함을 불가사의하게 융합시키고 있다.

20세기 예술의 틀에서 그 어떤 계파나 주의에도 속하지 않았던 바르토크 음악의 진가는 눈에 띄게 드러나지는 않았다. 그러나 그가 생을 마감한 지 반세기 이상이 지난 지금, 다양한 민족과 언어, 종교가 교차하는 헝가리와 그 주변 지역의 음악을 주시하며 시작된 바르토크의 창작 과제가 우리들에게 더욱 중요하게 느껴지는 것은 무슨 이유 때문일까?

피아노 독주 작품 분야에서 바르토크의 창작 특징을 살펴보면 교육적 작품과 민요 편곡 작품이 차지하는 비율이 상당히 높으며 특히 민요 편곡에 있어서 그 비중은 더욱 커진다. 그는 막대한 시간을 민요 조사 연구에 할애하였고 이렇게 수집한 많은 선율을 피아노 독주곡으로 작품화하였다.

교육적 작품에는 《미크로코스모스》와 같은 체계적인 작품 이외에 교육적 의도를 염두에 둔 작은 편곡집이 많다. 그리고 바흐, 하이든, 베토벤, 모차르트 등 대음악가의 작품 교정, 이탈리아 바로크 작품의 피아노 편곡 등을 포함하면 그가 피아노 교육을 위해 만든 곡집이 예상 외로 많음을 알 수 있다. 바르토크가 오랜 기간 부다페스트의 음악원에서 피아노 교수로 재직했다고는 하지만 20세기의 전위 작곡가로서는 상당히 이례적이라 할 수 있겠다.

지금까지의 설명을 하나의 좌표로 표현해 보면 아래와 같다. 수평선은 민속 음악의 실제 선율을 사용하였는지를 기준으로 하고, 수직선은 교육적 의도를 지닌 작품인지를 기준으로 하면 다음과 같은 좌표가 성립된다.

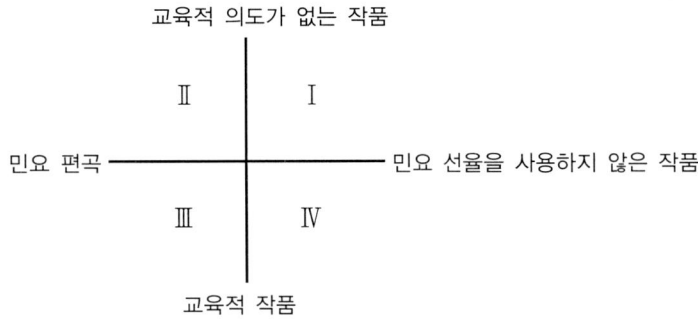

I은 교육적인 작품도, 민요 편곡 작품도 아니며, 통상적인 의미에서의 연주회용 피아노 독주 작품이다. II는 교육적인 작품은 아니지만 민요 선율을 사용한 곡들인데, 예를 들면 《헝가리 농민가 즉흥곡》(헝가리 농민가를 근거로 한 즉흥곡)이 이 영역에 해당된다. III은 민요 편곡 작품이면서 교육적인 작품인데 《어린이를 위하여》가 여기에 해당된다. IV는 교육적인 작품이지만 민요 선율을 인용하지 않은 곡으로서,

《미크로코스모스》의 대부분이 이 영역에 해당된다.

이렇게 좌표를 통하여 살펴보았을 때, 바르토크는 모든 영역에서 상당한 양의 작품을 썼다고 할 수 있다. 또한 좌표에서는 바르토크의 피아노 독주 작품의 특징이 확연히 드러나는데 이는 그의 작품을 살펴보는 출발점이 될 수 있을 것이다.

그리고 바르토크의 경우 시계열적(時系列的)인 고찰도 필요하다. 그의 창작에는 이따금 공백기가 보이는데 피아노 독주곡의 창작에 있어 그 공백기를 기준으로 하여 다음과 같이 여섯 단계의 기간으로 나눌 수 있다.

우선 1906년 이전의 '습작기'인데, 이 시기에 피아노 독주곡 분야에서 바르토크는 개성적인 양식을 확립하고 있지 않았다. 그리고 1908~13년은 '기초적 실험기'로 분류할 수 있다. 이 시기에 바르토크는 여러 가지 형식, 기법, 소재, 표현 내용 등을 담은 피아노 서법을 실험하였고 후에 창작의 기반으로 삼았다. 1915년은 루마니아 민속 음악을 소재로 한 작품이 수없이 쓰여졌는데 한 마디로 '루마니아의 해'였다고 말할 수 있다. 1918~22년은 '과도적 실험기'로 볼 수 있으며 산발적으로 특수한 작품이 몇 가지 탄생되었다.

그리고 1926년은 '피아노의 해'라고 할 수 있으며, 이 해에 새로운 형식에 의한 본격적인 작품들이 만들어졌다. 이후 그의 창작은 피아노 독주곡 분야에서 멀어지게 되었으나 피아노가 그의 음악에서 차지하는 비중은 결코 작았다고 할 수 없으며 단지 피아노가 사용되는 작품이 협주곡이나 실내악 작품으로 옮겨갔을 뿐이다. 마지막으로 1932~39년의 '미크로코스모스 시기'인데, 이 시기에 바르토크는 그때까지 쌓아온 다양한 어법과 기법을 다시 한번 이 교육적 작품 속에 정리하게 된다.

앞에서 좌표로 나누어 본 네 개의 영역과, 6단계로 나눈 창작 시기, 이 두 가지의 스케일을 연계시켜 생각해 보면 바르토크 피아노 작품의 다채로움을 대강 파악할 수 있을 것이다. 그러나 그것은 표면적인 것에 불과하며, 실제로 각 작품을 깊이 파고들면 들수록 단순하지 않다는 것을 깨닫게 된다. 민속 음악을 실제로 인용하지 않았다고 해서 그 작품이 민속 음악과 연관이 없는 '추상적' 작품이라고는 할 수 없다. 어쩌면 본질적인 부분에서는 민속 음악의 영향을 받았다고 말할 수 있을지도 모른다 (《피아노 소나타》 제3악장의 발상은 그의 민속 음악 연구를 배제하고는 평할 수 없지만 좌표로는 표현이 불가능하다). 예를 들면 《모음곡》은 1916년에 쓰여진 중요한 작품이지만 앞에서 논한 창작시기와 일치하지 않는다. 개인적인 의견이지만 그 이유는 '기초적 실험기'의 마지막에 이르러 그것을 집대성했기 때문인 것으로 여겨지며, 또한 그 시기가 '루마니아의 해'와 겹치기 때문에 단순히 '시기'라는 측면만으로는 정확한 위치를 파악하기 어렵다. 이와 같은 문제는 여기에서 모두 상세히 논할 수 없기에 필자는 출발점으로서의 스케일만 제시하는 것으로 마무리짓고자 한다.

독자 여러분은 이 악보집을 직접 느끼고 그것을 상세히 해석해 가면서 각자 스스로 해답을 찾아보아야 한다. 바르토크의 음악은 독자 여러분의 기대를 충분히 만족시킬 만한 가치와 깊이를 지니고 있기 때문이다.

이토 노부히로(伊東信宏)

[작곡 연도] 1926년, 1932~39년(상세는 다음 페이지 참조)
[초   연] 1937년 2월 9일, 런던에서, 27곡이 연주되었다.
[헌   정] 제1, 2권은 피터 바르토크에게, 제148~153번 <불가리아
           의 리듬에 의한 6개의 무곡>은 해리엇 코헨에게 헌정되
           었다.

《미크로코스모스》는 피아노 초급자를 대상으로 한 교육적인 목적을 지닌 작품집이다. 이 작품집에는 피아니스트가 리사이틀에서 연주해도 좋을 만큼 난이도가 높은 곡도 수록되어 있고, 실제로 바르토크 자신이 1930년대 말부터 자신의 리사이틀에서 이 《미크로코스모스》 가운데 몇 곡을 채택하는 일도 예사였으나, 바르토크가 이 곡집을 피아노 레슨 현장에서 사용하는 것을 가정하고 작곡한 것은 틀림없다.

이러한 교육적인 의도를 가진 작품집은 음악사에서 드물지 않다. 바르토크 자신이 서문에서 언급한 바흐의 《안나 막달레나 바흐를 위한 클라비어 소곡집》이나 체르니의 다양한 기술적 훈련을 위한 곡집, 또는 슈만의 《어린이 정경》(1838년)이나 《어린이를 위한 앨범》(1848년), 그리고 드뷔시 《어린이의 세계》(1908년)나 《12개의 연습곡》(1915년), 스트라빈스키 《다섯 손가락으로》(1921년) 등, 바르토크가 의식적으로든 무의식적으로든 모델로 참고했을 곡집은 적지 않다. 또한, 바르토크 자신의 예전 작품들 중에도 《어린이를 위하여》(1909년)나 《피아노 1학년생》(초판은 1913년)처럼 교육적인 의도를 지닌 작품들이 있었다. 이러한 작품들 가운데 바르토크의 《미크로코스모스》는 어떤 특징이 있다고 할 수 있을까.

먼저, 바르토크 자신의 이전 작품들과의 관계를 정리해 두자. 《어린이를 위하여》는 초급자를 대상으로 한 기술적으로 쉬운 작품이라는 의미에서는 《미크로코스모스》와 공통된 목적을 가지지만, 민요 선율을 직접 사용했다는 점에서 차이가 있다. 《어린이를 위하여》는 바르토크가 민요 수집을 체계적으로 시작한 지 불과 수년의 단계에서 쓰여진 곡집으로, 민요와의 만남이라는 충격이 아직 생생했고, 그 만큼 그가 민요를 어떻게 소화해낼 것인지 계속해서 씨름하던 시기의 작품이다. 그에 비해 《미크로코스모스》의 경우는 이미 민요를 접한 지 20년 이상이 경과하여 당초의 놀라움은 가라앉은 상태였지만, 오히려 그 영향은 더욱 심화되어 있었다. 이 작품에서는 제68번 <헝가리 무곡>과 같은 민속음악의 소재나 요소를 사용한 작품이 다수 보이는데, 그 대부분은 민요 소재 자체를 직접 인용하지 않고 바르토크 자신의 창작에 의한 선율을 사용했다(민요 선율을 인용한 것은 제74번, 제95번, 제112번, 제127번의 네 곡뿐이다).

또한 《피아노 1학년생》이라는 곡집은 원래 바르토크가 젊은 동료 S. 레셰프스키와 협력해서 만든 《피아노 교본》을 위해 만들어진 작품인데, 여기에는 《미크로코스모스》의 습작이라고도 할 수 있는 것들이 많이 포함되어 있다. 특히 제1권의 대부분의 곡은 《피아노 1학년생》(또는 그 오리지널인 《피아노 교본》)과 직접적인 관련이 있다.

이러한 본인의 작품들을 넘어 다른 작곡가들의 작품과의 관계에 대해서 이야기하면, 바르토크의 유니크함은 그가 여기에서 반드시 '어린이'를 대상으로 한 알기 쉬운 곡을 쓰겠다고 하는 의식이 없는 것처럼 보이는 것에 있다. 슈만, 또는 드뷔시의 예에서는 음악 내용은 (물론 매우 세련된 형태라고는 하지만) 어딘가 '동요'스러웠다. 그것은 소박한 동경이거나(《어린이 정경》 제1곡 <미지의 나라들>이나 《어린이의 세계》 제4곡 <눈은 춤춘다>), 다소 괴기스러운 꿈이거나(《어린이 정경》 제2곡 <신기한 이야기>나 《어린이의 세계》 제6곡 <골리워크의 케이크워크>), 사랑스러운 모습이거나(《어린이 정경》 제12곡 <잠자는 아이>나 《어린이의 세계》 제2곡 <코끼리의 자장가>), – 결국 그것은 어른과는 다른 어린이들의 세계를 향한 상상력으로부터 태어난 음악이었다. 또는 스트라빈스키의 경우, 그 단순함은 동시대 음악의 극단적 난해함이나 밀도에 대한 풍자적인 의미를 지니고 있었다.

이들 예와 비교해보면 분명해지듯 바르토크의 《미크로코스모스》에서는 아이들의 세계에 담긴 낭만파적인 꿈은 대부분 그 모습을 감추고 있다. 혹은 일부러 '단순함'을 가장한다고 하는 굴절조차 없다. 대신 여기에서 지향하는 것은 바로 지극히 긴밀하고 정교한 자립적 음악작품일 뿐이다. 비유해서 말하자면, 쉬운 단어로 쓰여져 있지만 그것이 지향한 것은 알기 쉬운 단순한 스토리, 사랑스러운 '동요'가 아닌, 어른들의 문제를 다룬 '단편

소설'이었다고 할 수 있다. H. 다누저는 『음악학을 위한 새로운 핸드북』에서 '바르토크의 생애의 확신은 기술적으로 다양한 레벨의 난이도에서 새로운 음악을 쓸 수 있다고 하는 것이다'라고 간결하게 정리했는데, 그것은 《미크로코스모스》의 이러한 성질을 염두에 두고 한 말이라 할 수 있겠다.

곡은 153번까지의 번호가 있다. 단, 제2번처럼 a) b) 복수의 버전이 포함된 곡도 있고, 제7번과 제28번처럼 같은 선율을 다룬 것도 있으며, 또 제8번과 제26번처럼 곡명으로 일종의 계열을 이루는 것도 있고, 제148~153번 <불가리아의 리듬에 의한 6개의 무곡>처럼 하나의 제목을 바탕으로 정리된 것 등이 있어 153곡의 상호 관계는 단순하지 않다. 그리고 제1~4권에는 각 권 마지막에 33곡의 연습과제가 부록으로 포함되어 있고, 또 23곡에 대해서는 글로 된 주석도 있다. 이러한 보조수단은 권수가 늘어남에 따라 점점 줄어들면서 제5, 6권은 실질적으로는 연주회의 레퍼토리로도 가능한 일반적인 소품집에 가까워진다.

이들 작품집을 다양한 관점으로부터 분류하는 시도는 지금까지 많이 이루어져 왔다. 바르토크 자신은 서문 등에서 이들 각 권을 1) 초급자용 작품(제1, 2권과 제3권의 일부), 2) 연주회용 쉬운 작품(제3, 4권과 제5권의 일부), 3) 연주회용 어려운 작품(제5, 6권)이라는 세 단계로 나누어 생각했다고 한다. 이것은 아주 실용적인 분류라 할 수 있지만, 이 외에도 선율에 착목해서 그것이 1) 교회선법적인가(제32번 <도리아 선법으로>, 제55번 <리디아 조에서의 셋잇단음표> 등), 2) 5음 음계적인가(제61번 <5음 음계의 선율> 등), 3) 장단의 3도를 동시에 사용했는가(제59번 <장조와 단조> 등), 4) 반음계적인가(제54번 <반음계>)처럼 분류하는 것도 가능하다. 또한 타이틀에 주목해서 이것을 1) 피아노 기법이나 작곡 기법에 관한 것(제99번 <교차하는 양손>이나 제93번 <4성부> 등), 2) 곡의 민속적 유래, 또는 음악사 상의 유래를 나타내는 것(제90번 <러시아 풍으로>, 제50번 <미뉴에트> 등), 3) 전통적 음악양식을 나타내고 심리적인 기분을 표현하는 것(제45번 <명상>, 제111번 <간주곡> 등), 4) 장르나 표제적 내용을 나타내는 것(제72번 <용의 춤>, 제109번 <발리섬에서> 등)으로 분류하는 논자도 있다. 그리고 F. 오스카는 『바르토크·미크로코스모스의 세계』(전음출판, 1998년)에서 곡의 성격을 다음과 같이 아홉 가지로 분류했다.

1) 특정한 성격을 가진 선율에 의한 것
   a)민족적 성격의 것
   b)음악사 상 과거의 양식과 관련된 것
2) 거친 리듬을 주체로 한 것
3) 무궁동적 연습곡
4) 서정적, 목가적이고, 노스텔지어적(향수적)인 것
5) 애가, 비가
6) 낭만파적인 것
7) 신비적, 인상주의적인 것
8) 쾌활하고 무곡적인 리듬을 가진 경우
9) 괴이하고 익살스러운 성격을 가진 것

이 분류는 목적에 따라 어느 정도 도움은 되겠지만, 이것을 단순하게 '기술적 훈련'과 '성격적 소품'처럼, 이분화해 버린다는 점에서 경계해야 할 것이다. 《미크로코스모스》의 최대의 아름다움은 바로 이러한 기술/정감의 구분이 없다는 것에 있다. 얼핏 보면 기술적 훈련을 위한 소재로 보이는 작품도 실제로 그 내용을 검토해보면 아주 명확한 분절과 기능적 변별을 지닌 작품으로 성립되어 있다. 또한 처음에는 고요하고 편안한 정서를 띠는 성격적 소품으로 보이는 작품도 실제적인 기술의 문제를 출발점으로 해서 구성되어 있기도 하다. 이러한 이분법을 초월한 작품으로서의 높은 질이야말로 《미크로코스모스》를 단순한 연습곡집으로 치부할 수 없는 이유이다.

이러한 몇 가지 특징, 즉 기술적 난이도와는 별도로 새로운 음악이 존립할 만한 태도, 그리고 기술과 표현이라는 이분법을 초월한 어프로치는 훗날 G. 쿠르타크의 《게임》과 같은 작품으로 이어져 현대의 '교육적 작품'에 커다란 영향을 주었다. 그것은 초급자를 위한 기술적 훈련임과 동시에 새로운 음악어법으로의 길잡이이고 작곡상의 아이디어집이기도 하다. 이들 한 작품 한 작품이 제시하고 있는 「미크로코스모스」는 바르토크 음악세계의 단순한 '미니어처'가 아니다.

———————————————— **성립 역사**

《미크로코스모스》의 성립에 관해서는 지금까지 상당수의 연구가 이루어져 왔다.

이 곡집이 1932년 무렵에 바르토크의 차남 피터에게 피아노를 가르치기 시작한 것을 계기로 작곡되었다는 것은 잘 알려진 사실이다. 예를 들면, 피터는 훗날 자신이 편집한 《미크로코스모스》의 신판에 첨부한 서문에서 다음과 같이 말했다.

내 기억에 의하면, 아버지는 어느 정도 피아노를 배웠던 사람들만 제자로 받아들였습니다. 그러나 내가 9살이 되던 무렵(1933년 무렵), 아버지는 나에게 피아노를 처음부터 가르치게 되었습니다.

아버지의 교수법은 일반적인 '피아노 주법'의 방법과는 달랐습니다. 나는 우선 처음에는 노래만 불렀습니다. 그 후 연습곡이 만들어졌는데, 그 목적은 손가락의 독립을 훈련시키는 것이었습니다. 레슨 도중 때때로 아버지는 나에게 조금 기다리라고 했고, 책상에 앉아서 묵묵히 종이에 무언가를 써내려 갔습니다. 몇 분 지나 아버지가 피아노 연습곡이나 소품을 가지고 오면 나는 그것을 그 자리에서 읽고, 다음 레슨 때까지 연습해두어야 했습니다.

이렇게 해서 이 곡집에 수록된 몇 곡이 완성되어 갔습니다. 그러나 아버지는 내가 습득해내는 것보다도 빠른 속도로 다른 곡들을 작곡해 나갔습니다. 아버지는 아이디어가 떠오를 때마다 이 작은 곡들을 쓴 것입니다. 얼마 후에는 그들 가운데 필요에 따라 곡을 고를 수 있을 만큼 커다란 콜렉션이 완성되었습니다. 나는 원고들 가운데 나를 위해 선택된 몇 가지의 곡을 연습하게 되었습니다.

또한 B. 스초프가 피터에게 들은 이야기에 의하면, 1932년 무렵 바르토크는 피터가 다니던 학교의 음악수업에 불만을 품고 피터가 학교에서 음악수업을 받지 않아도 되도록 조치를 취함과 동시에 자신이 피터에게 음악을 가르치도록 했다고 한다. 이러한 정보로부터 《미크로코스모스》의 본격적인 작곡은 1932~33년 무렵에 시작되었다고 보여진다.

그러나 1940년에 이루어진 인터뷰에서 바르토크는 다음과 같이 말했다.

《미크로코스모스》 가운데 1곡은 1926년의 《9개의 피아노 소품》과 비슷한 시기로 거슬러 올라갑니다. 사실 이 작품은 《9개의 피아노 소품》의 10번째 곡이 되었을지도 모릅니다. 그러나 그 당시에는 결국 작품집에 포함되지 않았습니다. 그 무렵 나는 이미 초급자를 대상으로 하는 아주 쉬운 피아노곡의 아이디어를 떠올리고 있었습니다. 그러나 실제로 그 작업에 착수한 것은 1932년 여름으로, 그 때 약 40곡을 작곡했습니다. 1933년부터 34년까지 추가로 40곡을 더했습니다. 그 후 몇 년간 20곡을 더 쓰고, 1938년까지 총 100여 곡을 작곡했습니다. 그러나 아직 무언가 부족한 느낌을 받아서 그것을 작년에 썼고, 그때 제1권의 전반 부분이 완성되었습니다.

이 발언은 당시 미국에 보관되어 있던 자필자료의 상황, 연주회 기록, 편지 등으로부터 면밀하게 조사한 J. 빈톤의 고전적 가치를 지닌 연구에 있다(J. Vinton, "Toward a Chronology of the Mikrokosmos", in *Studia Musicologica* 8 (1966), pp.41-70). 이 연구를 바탕으로 각 곡의 성립 시기를 정리해보자.

먼저, 위의 인터뷰의 발언 가운데 1926년에 작곡된 1곡이란 필시 제81번 <방랑>을 가리키는 것이다. 이것은 실제로 《9개의 피아노 소품》과 같은 초고에 들어 있어, 제10번이 되

었어도 이상하지 않을 상황이었다. 또한, 이것과는 따로 제137번 <유니즌>과 제146번 <오스티나토>도 같은 초고에 들어 있었다. 그러나 이들은 아마도 1932~33년 무렵에 큰 폭으로 개정되었다. 그렇기 때문에 바르토크는 위의 인터뷰에서 1곡이 1926년으로까지 거슬러 올라간다고 말했을 것이다. 이러한 점에서 분명한 것은 《미크로코스모스》의 발상은 1926년의 '피아노의 해'에서 보다 투명하고 대위법적인 서법(이것에 관해서는 본서의 서문 '바르토크의 피아노 음악' 및 『바르토크』 제2집에 수록된 《피아노 소나타》, 《창 밖에서》, 그리고 제3집의 《9개의 피아노 소품》의 해설을 참조하길 바란다)으로의 전환과 관계되어 있다는 것이다.

그 후 1932년부터 33년 사이에 작곡되었다고 추정되는 것은 제73번, 위의 제137번의 개정 원고, 그리고 출판되지 않은 제145번의 c) 버전이다.

또한 위의 인터뷰에서 '1932년 여름'에 작곡했다고 하는 '약 40곡'은 분명 다음과 같다(40곡 중에는 출판되지 않은 곡도 포함되어 있으므로 그것들은 생략했다. 이하 번호만 기재함). 32, 33, 34, 35, 37, 47, 48, 53, 57, 58, 59, 60, 62(두 가지 버전), 70, 78, 84, 87, 90, 91, 92, 94, 100, 101, 106(두 가지 버전), 110, 111, 114, 122(제1고), 125, 132, 133, 136(제1고), 145(a, b).

1933년에 작곡되었다고 추정되는 것은 다음과 같다. 12, 18, 19, 20, 25, 30, 36, 46, 51, 63, 64a, 71, 75, 85, 86, 88, 103, 105, 018, 122(개정 원고), 124, 136(개정 원고), 140, 141, 142, 143, 144, 146(개정 원고), 147.

21, 31, 43a(피아노 I), 64b, 74(a&b), 123b의 6곡은 1934년에서 36년 사이의 언젠가 작곡되었다고 보인다.

1934년에 작곡된 것은 11, 22, 41, 49, 55(피아노 I), 56, 61, 67, 76, 77, 79, 80, 82, 89, 93, 99, 112, 117, 118, 131의 20곡. 위의 1933년에 작곡된 29곡과 이것을 합친 49곡이 인터뷰에서 말한 '추가로 더한 40곡'이지 않을까 생각된다.

1935년(또는 1936년)에 작곡되었다고 추측되는 곡이 23, 24, 43b, 44(피아노 I), 50, 52, 66, 116, 123a, 129의 10곡.

1937년의 곡은 109, 120, 130, 138, 139, 148, 149, 150, 151, 153의 10곡.

1938~39년에 작곡된 곡이 40, 45, 54, 65, 68(피아노 I), 69, 72, 95(a&b), 96, 97, 98, 102, 104a, 104b(두 가지 버전), 113, 115, 119, 121, 126, 127, 128, 134/1, 134/2, 134/3, 135, 152. 이것에 더해 권말의 연습과제의 대부분이 같은 해에 작곡되었다.

그리고 바르토크가 위의 인터뷰에서 '작년'이라고 말한 1939년의 4~11월 사이에 마지막 부분이 작곡되었다. 이들은 1, 2, 3, 4(a&b), 5, 6, 7, 8, 9, 10, 13, 14, 15, 16, 17, 25, 26, 27, 28, 29, 38, 39, 42, 43a(피아노 II), 44(피아노 II), 55(피아노 II), 68(피아노 II), 83, 107, 그리고 연습과제의 몇 곡이다. 그리고 확실히 이 곡들이 최종적으로 제1권의 초반부를 구성하고

있어 그의 발언은 자료의 상황으로부터도 거의 뒷받침된다.

＊　　＊　　＊

그렇다면, 각 곡들은 과연 어떻게 만들어졌을까? 이에 대해서는 곡마다 경우가 다양하기 때문에 여기에서 개략적으로 설명하는 것은 불가능하다. 한 가지 말할 수 있는 것은 이 곡집에서 표면상 눈에 들어오는 주법상의 기술적인 측면, 작곡상의 기술적인 요소는 어디까지나 작품이 완성된 단계에서 결과로 떠오른 것이 대부분으로, 반드시 작품의 '전제'로 사전에 설정된 것이 아니라는 점이다.

예를 들어 제일 먼저 스케치된 제137번 <유니즌>의 경우, 스케치의 제1단계(즉 1926년 단계에서의 스케치)에서는 애초에 곡의 타이틀이 되는 '유니즌'이라는 아이디어도 아직 확실하게 정해져 있지 않았음을 알 수 있다. 바르토크는 스케치를 한 직후에도 상당 부분 수정을 거듭하면서 치밀하게 아이디어를 가다듬었다. 그 후 1932년~33년 무렵, 《미크로코스모스》의 전체 구상이 어느 정도 잡힌 단계에서 수년 전의 스케치를 다시 한번 검토하고 그것을 철저하게 개정했다. 이 개정 원고의 단계에 이르러 그제서야 '유니즌'의 아이디어도 분명해졌다.

즉, 그 창작 과정은 (교육적 목적을 가지지 않는) 다른 작품의 경우와 크게 다르지 않았다. 이 점에서도 《미크로코스모스》는 단순한 '교재'가 아니라고 할 수 있겠다.

───── 《미크로코스모스》 제3권, 제4권에 대해서

제3, 4권에는 연주회에서도 다룰 수 있는 비교적 쉬운 작품이 수록되어 있다. 앞 권과 마찬가지로 전곡을 상세히 다룰 수는 없지만, 될 수 있는 한 많은 곡을 접할 수 있도록 선곡해서 기술하도록 하겠다.

제68번 헝가리 무곡

제2피아노 왼손은 처음부터 끝까지 계속해서 d–a의 5도 겹음을 연주하는데, 이것은 시골의 기악 연주자가 연주하는 반주 방식을 떠올리게 한다. 허디거디와 같은 민속악기를 기본 바탕으로 한 투박한 무곡.

제69번 화음연습

반주 화음은 흰건반만을 사용해 왔다 갔다 하기 때문에, 3화음이면서도 장단조적인 논리에 의존하지 않는다. 대신 선율은 가극 《푸른 수염 영주의 성》 첫 부분의 테마에 가까운 것으로, 4행으로 구성된 민요선율의 장식을 모두 없애고 골격만 남긴 것 같은 구조를 지닌다.

제70번 선율에 대한 겹음

오른손은 f♯, g♯, b, c♯, 왼손은 d, e, g, a라고 하는 장3도 간격의 테트라코드를 구성음으로 하는 복선법적인 작품. 조합 방법에 따라 장3화음도 울리고, g와 g♯처럼 반음의 불협화음도 발생한다. 전반은 왼손의 겹음에 대해 오른손이 선율을 담당하지만, ⑩에서 역할이 바뀌고, 게다가 또 선율은 대칭이 된다. ⑰-⑱에서 음악이 조금 느슨해지는(*mf*) 것은 오른손의 f, 왼손의 a♯라고 하는 지금까지 등장하지 않았던 소리의 울림에 의한 것이다. 마지막은 두 손 모두 겹음이 되어 혼탁한 울림 속에서 사라져 간다.

제71번 3도 겹음

크게 세 부분으로 나뉜다. 제1부분 ①-⑮에서는 오른손은 f–c, 왼손은 d–a라는 음역의 펜타코드를 따라 대칭적으로 움직인다. 제2부분 (⑯-⑰), 제3부분 (㉘-㊳)에서는 좌우 음역이 서로 바뀐다. 각 부분을 마무리 짓는 *ff*의 화음만 장3화음이 되면서 피카르디 종지를 모방한다.

제72번 용의 춤

처음 부분의 양손 구성음을 조합해보면 g, a, c, c♯, d, f, g가 되어 그 음정 관계는 2:3:1:1:3:2(반음을 1, 온음을 2, 단3도를 3으로 표시)로, 대칭적 구조를 지니는 6음 음계이다. 이렇게 대칭적 구조를 지니는 음계에 대해 바르토크는 일찍부터 많은 시도를 해왔는데, 이 곡은 그러한 실험에서 탄생한 곡이라 보여진다.

제73번 6화음과 3화음

①-⑧에서는 화음, 그 이후는 3화음의 발전형(6화음과 3화음)을 사용한다. 양손 모두 각각 6도를 틀로 하는 화음을 연주하는데, 제69번의 3화음과 마찬가지로 흰건반 만을 왔다 갔다 한다. 양손은 기본적으로 카논 풍으로 움직이는데 후반은 대칭적인 선율로 변화되어 간다.

제74번 헝가리의 노래

이 곡은 《미크로코스모스》 가운데에서는 드물게 실제 민요를 그대로 사용하였다. 바탕이 된 선율은 1909년에 베스테 마을에서 수집된 것으로, 후에 바르토크 저서 『헝가리 민요』(마미야·이토 역, 전음출판, 1995년)의 제256번으로 공표되었다. 4행 일련으로 각 행이 7, 6, 7, 6의 음절을 지니는데,

바르토크는 이 민요를 헝가리 민요 중 '혼성 그룹'으로 분류했다. 후반 반주에 사용되는 f#, g, a, b♭의 음계는 제10번에서 이미 등장한 '옥타토닉'의 일부로 보여진다.

제79번 J. S. 바흐를 기리며

'J. S. B.'는 물론 바흐를 가리키고, 《인벤션》처럼 간결한 대위법이 모델이다. 곡의 마지막 장면([15]-[17])에서 사용되는 음은 e-g-g#-b의 화음으로, 이것은 장단3도가 모두 나타나는 3화음이라고도 할 수 있고, 3:1:3(3은 단3도, 1은 반음)이라는 대칭적 구성을 지니는 음계의 일부라고도 할 수 있다.

제81번 방랑

이 곡에서는 5개의 음계를 하행하거나 상행하는 움직임이 잇달아 나타나는데, 그들 5음의 음정 관계는 시시각각 바뀌면서 곡 제목처럼 미로 속을 방황하는 듯한 인상을 준다. 5음 가운데 반음을 하나 포함하면 그 펜타코드는 5도의 틀을 가지게 되는데, 그 음정 관계는 (반음을 1, 온음을 2라 표시하면) 1, 2, 2, 2, 2, 1, 2, 2, 2, 2, 1, 2, 2, 2, 2, 1의 네 가지로 나뉘고, 이들은 이 곡 안에 모두 등장한다. 또한 반음을 두 개 포함한 펜타코드는 감5도의 틀을 가지는데, 이들 중에 도 1, 2, 1, 2, 1, 2, 2, 1, 2, 1, 2, 1의 세 종류의 배열(1이 서로 이웃하지 않는 모든 배열)이 나타나면서 조성적 구조를 파악했다고 생각하는 순간 슬쩍 도망가버리고 만다.

제83번 중단되는 선율

앙 셰네의 기록(본집 제4권 《미크로코스모스 제1권》 8쪽의 해설을 참조)에 의하면 바르토크는 이 곡에 대해 스트라빈스키의 《페트루슈카》의 테마와 관련 있다고 말했다고 한다. 확실히 [1], [4] 등에 나타나는 혼탁한 울림은 《페트루슈카》의 사순절의 혼잡을 떠올리게 하고, 그곳에 울려 퍼지는 또렷한 선율도 《페트루슈카》의 주제 중 몇 가지와 닮은 부분이 있다. 연주할 때는 다소 극장적인 연상을 작용시킬 필요가 있을 것이다.

제85번 분산화음

분산화음의 연습곡이라고 하면 상당히 지루한 곡이 될 것 같지만, 이 곡에서 잇달아 풀어져 나오는 아이디어의 다채로움과 빠른 회전은 '지루함'이라는 단어와는 매우 거리가 멀다. 처음의 제재 선율 후, [6]부터는 분산화음을 따라 달려 올라가서 도중에 굴절되고 잠시 멈추어 선 다음, 다시 내려오는 움직임이 한 번도 똑같이 반복되지 않고 항상 새로운 것이, 예상치 못한 각도에서 계속해서 일어난다. 그리고 처음의 제재로 돌아와(단, 4도 위로 이조되어서) 곡은 마무리된다.

제86번 두 장조의 5음 음계

악보 처음에 나온 음계대로, 왼손은 F#-장조, 오른손은 C-장조의 음계 구성음에 의한 펜타코드만으로 이루어진 곡. 5도권의 사고방식으로 말하자면, 이 두 조성은 서로 가장 먼 관계에 있지만, 렌드바이를 비롯한 바르토크 전문가들은 여기에서 친화성을 발견해왔다. 이 곡은 그러한 문제가 직접적으로 표현된 실험이라 할 수 있다.

제89번 4성부(1)

제목대로 4성에 의한 습작으로 보이는데, 왼손은 a-e, 오른손은 g-d의 틀을 최대한 벗어나지 않도록 쓰여져 있어([12]의 왼손의 g는 예외), 실제로는 매우 커다란 기술적 제약 안에서 만들어진 곡이다. 신기한 조성 기호는 그 제약으로부터 나온 것일 것이다. 그러면서도 음악은 역시 바르토크다운 딱딱한 시정을 나타낸다.

제91번 반음계적 인벤션(1)

제1권 제17번의 해설에서도 언급한 앙 셰네의 기록에 의하면, 이 곡은 물론 '바흐의 영향으로 반음계적인 모티브를 표현했다'고 한다. 오른손을 왼손이 쫓아가는 서법, 전체 형식 등의 부분에서, 바흐의 《2성의 인벤션》의 흔적은 분명하다. 주제는 먼저 a에서 5도 하행한 d까지를 틀로 하여 그 안의 모든 반음을 사용하고, 이어서 [5]의 여린 박으로부터는 a에서 5도 상행한 e까지를 틀로 해서 그 안의 모든 반음을 접한다. 결과적으로 옥타브 내의 12반음을 모두 사용하는데, 발상은 12음주의와는 다르다.

제94번 옛 이야기

제목은 민속적 발라드를 암시하고, 선율의 구조도 기본적으로는 A, A', B, A의 구조적 구조를 나타낸다. 그러나 그런 소박함은 오래가지 않고, 후반에는 복선법적인 엄격한 울림이 겹쳐진다.

제95번 여우의 노래

이 곡도 실제 민요를 사용한 곡 중 하나. 1906년에 코다이가 헝가리 북부에서 수집한 것이 오리지널로 생각되는데, b)버전에 첨부된 가사가 그것과는 다르므로 바르토크는 그 변형을 사용했을지도 모른다.

주요 피아노 작품 일람

BB = 솜파이의 작품번호 *1
Sz = 셸레시의 작품번호 *2
Op. = 바르토크 자신의 작품번호

BB	Sz	Op.	곡 명 (영어)	작곡 연도	수록책
36a	26	1	랩소디　Rhapsody	1904	Ⅲ
45b	35a		치크 지방의 3개의 민요　Three Hungarian Folksongs from the Csík District	1907	Ⅲ
49	41	8b	2개의 엘레지　Two Elegies	1908~09	Ⅰ
50	38	6	14개의 바가텔　Fourteen Bagatelles	1908	Ⅲ
51	39		10개의 쉬운 소품집　Ten Easy Pieces	1908	Ⅶ
53	42		어린이를 위하여　For Children	1908~09	Ⅶ
54	44	9b	7개의 스케치　Seven Sketches	1908~10	Ⅲ
55	47	8c	3개의 부르레스크　Three Burlesques	1908~11	Ⅲ
56	43	8a	2개의 루마니아 무곡　Two Romanian Dances	1908~10	Ⅰ
58	45	9a	4개의 만가　Four Dirges	ca.1909~10	Ⅰ
63	49		알레그로 바르바로　Allegro Barbaro	1911	Ⅰ
66	52~53		피아노 1학년생　First Term at the Piano	1913(1929)	Ⅶ
67	57		루마니아의 크리스마스 노래 Romanian Christmas Carols	1915	Ⅰ
68	56		루마니아의 민속 무곡　Romanian Folk Dances	1915	Ⅰ
69	55		소나티네　Sonatina	1915	Ⅰ
70	62	14	모음곡　Suite	1916	Ⅰ
79	71		15개의 헝가리 농민가 Fifteen Hungarian Peasant Songs	1914~18	Ⅱ
80b	66		3개의 헝가리 민요　Three Hungarian Folk Tunes	1914~18	Ⅶ
81	72	18	3개의 연습곡　Three Studies	1918	Ⅱ
83	74	20	헝가리 농민가에 의한 즉흥곡 Improvisations on Hungarian Peasant Songs	1920	Ⅱ
86	77		무용 모음곡　Dance Suite	1925	Ⅲ
88	80		피아노 소나타　Sonata for Piano	1926	Ⅱ
89	81		창 밖에서　Out Doors	1926	Ⅱ
90	82		9개의 피아노 소품　Nine Little Piano Pieces	1926	Ⅲ
92	84		민요 선율에 의한 3개의 론도 Three Rondos on Folk Tunes	1916~27	Ⅱ
105	107		미크로코스모스 (전6권)　Mikrokosmos	1926, 1932~39	Ⅳ-Ⅵ
113	105		작은 모음곡　Petite Suite	1936	

*1. László Somfai, Thematische Béla Bartók-Verzeichnis, 1995.
*2. András Szöllösy, Bibliographie des œuvres musicales et écrits musicologiques de Béla Bartók, 1956.
[참고 문헌] David Yeomans, Bartók for Piano; A Survey of His Solo Literature, 1988.

야마자키 타카시(山崎 孝)

춘추사판 「바르토크 피아노 작품집」(제2기, 전4권)에는 바르토크 필생의 작품 《미크로코스모스》(본서에서는 2권씩 제4~6권에 수록)와 《어린이를 위하여》(제7권에 수록) 등이 수록되어 있다(각 권 수록 작품은 9쪽의 표 참조).

1. 《미크로코스모스》의 교정 원칙으로는 초판 악보(Boosey & Hawkes; London: 부지 앤 호크스 출판사, 1940년) [약어=B & H]를 기본으로 하였다*1.

초판 악보의 계보를 잇는 중요한 새로운 개정판으로서 피터 바르토크의 새 개정판(Boosey & Hawkes New Deginitive Edition, 1987)이 있다*2.

【주요 참고 자료】
· 자필 악보 《미크로코스모스》에 관해서는 부다페스트 바르토크 연구소가 소장하는 자료, 스케치 악보, 정서 악보, 출판사 제출 정서 악보, 초판 악보를 참고하였다. 내용은 뒤에 서술.
· 바르토크 자신의 자작자연 레코딩(1940년, 뉴욕 녹음, Columbia ML 4419) 및 1940년 4월 29일, 5월 16일, 녹음.
· 벤자민 스초프가 감수한 바르토크 아카이브 판(Dover판, 1981년).

*1 초판 악보는 부지 앤 호크스 출판사에서 출판되었는데 미국 초판과 영국 초판은 다른 부분이 있다(최종적으로 영국판이 전세계에 반포되었다). 헝가리 국내용으로 에디티오 뮤지카 부다페스트(EMB)에서 별도 출판되었으나 내용은 B & H판과 같다.
*2 피터 바르토크의 새 개정판은 각국 앞으로 번역 제목이 첨부되어 간행되었으나 각 개정판마다 작업의 차이가 있어 통일되지 않은 부분도 있다.

2. 자필 악보 자료는 다음과 같다.
· PB59 PS 1 초고(90+2쪽), 공개 간행되지 않은 9곡 포함 [PS].
· PB59 PID 1 ID 2 최종적 사보(82쪽), 파기, 이본(異本), 초고 포함 [PID]
· PB59 PETER PID 1 ID 2 아들을 위한 레슨 노트(35쪽)
· PB59 PFC 1 개인적 사보(합계 56쪽) [PFC 1]
· PB59 PFC 2 TPPS 1 미국 초판 악보 Vol.Ⅲ, Ⅳ를 교정한 것
· PB59 PFC 3 출판사 앞으로 보낸 부차적 자료(51쪽)
· PB59 PFC 4 출판용 최종 결정 원고(99+17쪽) [PFC 4]
· PB59 PFC 5 미발행 원고
      *PB=Peter Bartók's Archiv(피터 바르토크 아카이브)

S=sketch(초고)
ID=intermediary draft(사보)
PFC=Piano final copy, finished form of the composition(최종 원고)

본서의 교정 작업에서는 상기 자료 중 PS, PID, PFC 1, PFC 4를 가장 중요하게 활용했다.

악보 작성은 초판을 기본으로, 바르토크의 의도를 헤아리고자 PFC 4에 최대한 근거했다. 기본으로 삼은 B & H판은 당시의 정서 기술과 지면 제약 등에 의해 작곡자의 예술이 반영되지 않았다고 교정자가 느꼈기 때문이다. 다시 말해, PS(스케치 단계)로부터 《미크로코스모스》를 조사하면 바르토크가 퇴고를 거듭한 경위를 알 수 있는데, PID로 정서하고 그 복사본을 사용해서 개인적 사보(PFC 1)로써 곡집 《미크로코스모스》를 편집한 것이다. 출판용 최종 결정 원고 = PFC 4를 PID의 현 《미크로코스모스》의 전곡 번호순으로 편성했다. 단, 수정 단계에서 PFC 4에 빠뜨린 것이 PFC 1에서 적지 않게 발견되었다. 의심할 여지없이 교정자가 종합적인 판단으로부터 PFC 1을 채용한 부분이 바로 그것이다(주석에 기재).

PID 단계에서 바르토크는 기보법의 상세한 구별과 분류에 심혈을 기울였으나 초판(현행 B & H)에는 그것들이 반영되지 않았다. 다성부의 구별, 예를 들어 상성부는 우측, 하성부는 좌측에 둔다. 즉, 같은 위치에 온음표가 나열된 경우 우측의 온음표는 상성부이고 좌측의 온음표는 하성부이다. 셈여림의 위치, 음표와 음표 꼬리, 연음표의 위치. 이들은 다성 진행의 경우에는 해당되는 성부에 기재하였다. 기보법 규칙에서 벗어났다고 보이는 경우에는 앞뒤 관계로부터 상성부, 또는 하성부의 연속으로 인식된다. 이음줄의 위치, 스타카토의 위치, 악센트(>기호와 ∧기호)의 구별, 종렬로 줄지은 복수의 쉼표(상성부와 하성부)의 존재 등을 작곡자는 최대한 정확하게 기재하였다. 곡 완성 후, 악구의 삽입으로 인한 이들 위치의 애매함은 그렇다 쳐도 바르토크는 경탄할 만큼 면밀하게 기보했음을 알 수 있다. 특기사항은 해당 악곡의 주석에 서술하였다.

3. 교정자의 텍스트 첨가 및 보충 등은 [ ]로 표기하였는데, 기보가 번잡해지거나 그 자체가 명백한 경우에는 [ ]로 표기하지 않고 중요한 부분만을 골라 교정 보고에 기록하였다. 임시 기호에 관해서는 원칙적으로 초판의 기보 상태를 따랐고, 오해의 소지가 없는 한 별도로 보충하지 않았다. 그리고 교정자의 주의 임시기호 보충에 관해서도 자세히 언급하지

않았다.

4. 각 곡의 타이틀은 독일어, 헝가리어, 한국어 순으로 나타내었다. 제목의 언어는 헝가리어와 독일어뿐이었다. 출판 직전 **PFC 4**에 영어를 추가했다. 가곡의 가사는 헝가리어가 주체였으나, **PFC 4**에서 영어와 프랑스어의 자리(독일어는 언급하지 않았다)를 비워놓도록 지시되어 있다.

스케치 단계부터 제목이 지정된 곡, 도중에 변경된 곡, 제목이 없는 곡 등 다양하다. 변경된 경우에는 공통된 이유가 있다. 바로 작곡 수법이나 연주 수법의 관점을 학습자가 이해하기 쉬운 '성격적 소품 제목'으로 한 것이다. 예를 들면, 〈유지되는 음에 대해 독립한 음의 진행〉 또는 〈강화된 2성부〉를 〈격투기〉로 변경했다. 참고로 〈강화된 2성부〉는 아들 피터의 레슨 노트에 기입된 제목이다.

그런데 이 레슨 노트에는 >기호가 다수 기입되어 있지만 출판 시에는 생략되었다. 다른 예로부터 이것이 악센트 기호가 아닌, 박절감을 정확하게 유지시키기 위해서라고 이해할 수 있는데 인쇄해서 보니 악센트 기호와 박절감의 기호가 구분하기 어려운 관계로 작곡자가 생략했다고 한다. 초기의 작품 《14개의 바가텔》에서 기호의 굵기로 구별하려고 한 노력이 보이지만, 출판 단계에서 단념했다.

(또한, 《미크로코스모스》의 보급에 따라 각국 언어로 된 제목이 추가되었다. 번역 제목을 다시 번역함으로 인해 의미가 원제로부터 벗어난 경우도 있다.)

5. 메트로놈 숫자를 작곡자는 상당히 중요시했다. 작곡자는 자필 원고에서 연주 시간을 (1′ 15″)로 표기했으나, 출판 직전에 [1 min. 15 sec.]의 영미방식으로 수정했다. 만국공통은 자필 원고 방식이므로 본서는 자필 원고의 표기에 따랐다.

6. 페달 표기는 작곡자의 지시만으로 한정하였다(작곡 시기에 따라 미묘하게 변화되고 있음). 구체적인 페달 사용에 관해서는 특징적인 부분만을 연주 노트에 기재했다.

7. 운지법에서 이탤릭체 숫자는 작곡자가 표기한 것이며, 일반 숫자는 교정자가 제안한 것이다. 손을 교체해야 할 필요가 있는 경우에는 m.d.(오른손), m.g.(왼손) 또는 ∟(오른손), Γ(왼손)으로 보충하였다(특히 주의해야 할 경우에는 연주 노트에 기재함).

8. □의 숫자는 마디 번호를 나타내고, 상·중·하는 각 악보의 상단, 중단, 하단을 나타낸다.

───────────────────────────── **제3권**

제68번

⑤ 제1피아노의 이음줄은 자필원고에 따름.

제69번

22 이후, PFC1에서는 옥타브가 표기되어 있다('작곡자 서문' 참조)

제74번

17 초판에는 내성부에 자필원고에 없는 붙임줄이 더해져 있다 (본서에서는 제외).

33 - 34 초판에는 < f 가 빠져 있다. PFC4에는 있음(본서는 PFC4에 따랐다).

제79번

본서는 음표 꼬리, 악센트 기호를 자필원고에 따랐다. 다른 악보들은 상당히 다름.

제81번

8 셈여림이 초판에서는 반대로 되어 있다. 본서는 자필원고에 따랐다.

제83번

자료에서는 테누토 기호가 부가된 음을 울리게 하기 위해 페달 기호를 배치했다. 초판은 그 위치가 애매하여 본서는 자료에 의거하여 정확한 위치에 두었다.

제85번

35 - 36 - 40 - 41 이음줄의 곡선은 자필원고에 따른 것.

제86번

자료에는 연주시간이 1′18″와 1′25″의 두 가지가 있는데, 최종적으로 1′18″로 되었다.

제87번

피터의 레슨 노트에는 변주 때마다 1.Ver., 2.Ver.으로 기입되어 있다.

제88번

⑤ 에 이음줄이 붙은 버전이 있으나 자료에는 없다.

제89번

20 오른손의 2성부, 왼손의 단성부가 계속되는 호흡선은 자필원고에 따랐다.

제95번

자료에는 b) 곡의 독창부와 ③, ⑱ 에 f가 없다. 본서는 자료에 따랐다.

제96번

㉜ 초판에는 PFC4에 있는 스타카토가 빠져 있다(본서에서는 보충).

≪미크로코스모스≫ 제3권

제67번 단성부에 대한 3도 겹음 Andante 에올리아 선법

　장대한 온음표와 〈 〉가 악곡을 구성. 선율에 응답하는 3도 겹음의 음향. 긴 음가에 대한 짧은 음가와의 균형. 겹음에 비해 항상 단성이 잘 들리게 만드는 원칙을 습득시킨다.

제68번 헝가리 무곡 Allegro con spirito D장조

　모티브 종결의 상승형, 하강형이 악상의 성격을 더한다. 왼손의 균등을 주의 깊게. 피아노 합주에서 같은 악상의 반복을 그저 단순한 '메아리'가 아닌 '응답', '에코적인 효과'의 뉘앙스로 고려하도록.

제69번 화음 연습 Moderato 믹솔리디아 선법

　손바닥 전체와 팔 경계의 손목을 이완(경첩 운동)시키고, 기재된 강약을 지키면서. 초심자 지도 요점의 '터치'와 '손과 손가락의 자세' 항목을 참조. 4종의 음형패턴 '볼록 음형', '오목음형', '상승음형', '하강음형'의 뉘앙스적 차이를 인식시킨다.

제70번 선율에 대한 겹음 Adagio 복조(도리아 선법) 검은 건반과 흰건반 선율 담당 손가락, 겹음 담당 손가락의 균형이 셈여림과 뉘앙스를 결정한다. 제66번 〈분할된 선율〉과 제67번 〈단성부에 대한 3도 겹음〉, 제107번 〈안개 속의 선율〉과 깊은 연관성이 있다. 부드러운 터치를 활용. 선율에서 손목을 '부드럽게 비틀고', 겹음에서 차분하게 손목의 '↑↓↑↓ 운동'을 적용.

제71번 3도 겹음 Grave F장조 + d단조

　대칭진행은 건반상, 수축과 확대방향의 대칭이 악상 및 연주 기교와 밀접하게 연관된다. '짧은 손가락·엄지손가락과 새끼 손가락', '긴 손가락·제2, 3, 4손가락'의 조합, 레가티시모의 부드러운 터치로 연주한다. 뉘앙스는 '약한 손가락을 강하게', '강한 손가락을 약하게' 한다.

제72번 용의 춤 Molto pesante 무조

　지속음을 담당하는 손가락의 강화. 대칭진행의 수축·확대 방향을 담당하는 손가락의 독립성. 정확한 아티큘레이션. 지속음(엄지손가락과 새끼손가락)을 누른 채, 제2, 3, 4손가락을 이완하면서 8분음표로 연타하는 기초 연습은 아주 중요하다.

제73번 6화음과 3화음 Comodo 도리아 선법

　손목의 경첩 운동은 평행진행과 대칭진행을 정확하게 표현한다. 명확한 손가락 관절의 강화. 지도 요점의 '터치' 항목을 참조. 8분쉼표에서 팔꿈치의 힘을 빼고 살짝 걷어 올리듯.

제74번 헝가리의 노래 Allegro moderato C장조

　지속음과 8분음표를 담당하는 손가락의 독립. 지그재그 음형과 음계음형의 연주표현. 각 손가락의 독립과 약한 손가락의 강화에 좋다.

제75번 셋잇단음표 Andante (리디아 선법)

　정확한 셋잇단음표의 습득. 또는 6/8박자에서 두 잇단음표의 존재를 확인하는 생각의 전환. 지도 요점 '리듬' 항목 '박자의 재편성', '세분화'의 악보 예 참조. 13 – 18 은 셋잇단음표 변용의 포인트이다.

제76번 3성부 Allegro molto (리디아 선법)

　반복되는 지속음, e음→a음, e음→d음을 성부별로 나누어 듣고, 다음의 요점과 그 차이의 이유를 생각해 볼 필요가 있다. 왼손 e음→d음(베이스)을 보다 강하게. 오른손 e음→a음(소프라노)을 보다 강하게. 음악의 흐름을 보다 구조적으로 하기 위함이다.

제77번 작은 연습곡 Allegro risoluto 도리아 선법

　각 손가락의 독립. 운지법의 기초. 손과 손가락을 확립시킨 손바닥, 악절마다 이동하는 팔과 팔꿈치. 상승·하강음형의 평행진행과 대칭진행. 프레이징 길이의 변화. '제자리에', '준비', '땅'을 나타내는 이음줄. 4부 구성은 '개시', '설명', '설득', '확인'이다.

제78번 5음 음계 Allegro

　주선율과 대선율의 프레이징 길이의 차이. 4, 5, 6도 음정의 도약. 명확한 >기호. 짧은 대선율이 전체 분위기를 떠맡는다.

제79번 J. S. 바흐를 기리며 Calmo E장조 + e단조

　사라반드 리듬을 나타내는 >기호. 반음 음정의 긴축과 표현의 박력. 장조와 단조. 화성적인 페달 활용을 터득하면 좋다.

Sarabando의 리듬

반음 음정의 긴축과 표현

제80번 슈만을 기리며 Andantino piacevole c단조

　　6도의 평행진행과 리듬의 차이와 어긋남. 장2도와 단2도
　　에 의한 음악적 분위기의 변화. 점음표 없이 평행 6도 진
　　행의 연습.

제81번 방랑 Non troppo lento

　　단3도와 장3도의 교대 및 카논 형식에 의한 선율의 엇갈림
　　과 음향(1926년 작곡). 전조는 신출귀몰하지만 악곡은 정확
　　한 3부 구성. 제1부는 하강음형의 카논. 2부는 상승음형의
　　중간부로 리디아 선법이 아름답다. 제3부의 재현부는 응축
　　되어 있다.

제82번 스케르초 Allegretto scherzando 리디아 선법

　　7박자의 제5박의 중요성. 겹음 연주에서 제3손가락 관절의 포지
　　션. 긴 음가의 ff가 자연스럽게 디미누엔도 되는 것을 들으면서.

제83번 중단되는 선율 Risoluto e pesante 믹솔리디아 선법

　　손가락의 길이를 조합한 겹음에서 유도되어 흡수되는 유니
　　즌 선율. 페달 용법. 제107번 〈안개 속의 선율〉로의 준비.

제84번 명랑한 놀이 Vivace 믹솔리디아 선법

　　정확한 박절과 싱커페이션. 화음의 다양한 울림. 평행진행과
　　대칭진행의 박력. 손가락 페달법을 고려. 지도 요점을 참조.

제85번 분산화음 Andante 믹솔리디아 선법

　　양손에 분할된 선율과 아르페지오. 교체되는 양손 손목의
　　유연성. 제75번의 복습. 양손 엄지손가락의 교체를 유연하
　　게 하는 기초연습.

제86번 두 장조의 5음 음계 Andante F#장조 + C장조

　　검은 건반과 흰건반의 대조. 동시 진행의 복조선율의 셈여
　　림·뉘앙스의 균형. F#장조와 C장조의 동시 사용은 유명한
　　스트라빈스키의 '페트루슈카의 화음'에도 있다.

제87번 변주곡 Allegro moderato 도리아 선법(D장조)

　　3+2마디 배열의 프레이징. 주제의 모방과 음정의 배치
　　전환. 똑같은 음표 배열에 임시 기호 부가의 효과.

제88번 갈대피리의 소리 Molto moderato 무조·복조(제권 지도요점을 참조)

　　유려한 주제의 모방 카논. 정확한 8분음표의 배열. 절대로
　　다섯잇단음표가 되지 않도록 할 것. 기보법의 불가사의는
　　두잇단음표를 사용하지 않고 표기하는 것은 가능하지만,
　　셋잇단음표를 사용하지 않고 표기하기는 어렵다.

제89번 4성부 (1) Largo 믹솔리디아 선법(A장조)

　　두 쌍의 평행진행 3도 겹음이 대조적으로 대칭진행. 대조적
　　인 4성부로, 각각 별개의 발전으로 움직인다. 소프라노와 베
　　이스를 보다 강조해서.

제90번 러시아 풍으로 Pesante

　　지속음과 다양한 음가와 아티큘레이션. 모티브에 집착하는

러시아 형.《볼가강의 뱃노래》를 연상하면 좋다.

제91번 반음계적 인벤션 (1) Lento

　　2, 1, 반 박 느린 카논. 증3도(완전4도) 음정의 빈번함은 8음
　　음계를 암시한다. 반음 음계와 온음 음계는 서로 양립되지
　　않는 음계로, 8음 음계는 양자의 타협이라고도 할 수 있다.
　　울림의 미묘한 변화를 듣는다.

제92번 반음계적 인벤션 (2) Allegro robusto

　　유니즌의 무궁동적 카논. 유사 트릴형이 박절을 유지. 넓은
　　음역으로 주제가 전개. 완전히 정반대인 제91번과 제92번을
　　습득.

제93번 4성부 (2) Molto moderato, sonoro 믹솔리디아 선법(G장조)

　　대위법적, 박절, 지속음, 셈여림이 복잡하게. 난이도는 제89
　　번보다 높다. 외성부 8분음표를 스타카토로, 내성부를 레가
　　토로 연습. 제93번은 현악4중주곡의 울림이다.

제94번 옛 이야기 Moderato c단조

　　옛날이야기의 이야기꾼과 듣는 이의 대화를 카논 풍으로. 점
　　4분음표를 테누토 한다. 모티브 개시의 c음은 되풀이될 때마
　　다 슬픔이 표현된다. 종결부의 온쉼표는 비창함을 강조.

제95번 여우의 노래 Allegretto G장조(믹솔리디아 선법)

　　전형적인 가곡 형식. 가사에 따라 반주음형, 박절, 속도에 변
　　화가 나타난다. 단2도 변화, 싱커페이션의 표현을 주의 깊게.

제96번 험한 길 Allegretto 믹솔리디아 선법

　　제목은 유니즌, 평행·역행 카논, 음정 변화에서 유래. 주제
　　의 처음과 종결에 주의. 17 의 증4도 등장으로 흐름의 차질
　　을 표현. 지금까지의 유니즌과 17 이후의 지그재그 대칭진
　　행의 대조.

부록

No.19 (67) 지속음과 3도 겹음을 위한 예비 연습. 손가락의 위치가
　　순차적으로 이동한다. 3도 겹음을 레가토, 스타카토, 테누토,
　　포르타토 등 다양한 터치로 손가락의 독립과 균형을 습득.

No.20 (67) 본 곡 외에 제134번의 예비 연습에 좋다. 스타카토의 8
　　분음표는 앞 프레이즈의 종결과 다음 프레이즈의 개시로 분
　　리할 것. 음표 사이에 8분쉼표를 넣으면 이해할 수 있다.

No.21 (69) 확한 주요화음 연주의 예비 연습. 이 대칭진행이 모든
　　예비 연습의 기본이 된다. 악보 예는 위의 예비 연습의 종합
　　을 나타낸다. 이것은 모든 장조와 단조를 거치는 유효한 것
　　이다.

No.22 (73) 페달의 기본 연습. 제73번은 음표와 동시에 밟는 리듬
　　페달이지만, 이 No.22는 레가토 페달이다. 제2박에서 밟고
　　다음 마디의 제1박에서 건반이 바닥에 닿는 것과 동시에
　　페달을 뗀다.

No.23 (73) 주요화음의 제1전위, 제2전위의 예비 연습. 온음계와
　　반음계. No.21을 보충한다.

No.24 (76) 부록 No.19를 보충하는 것. 스타카토 외에 다양한 터
　　치로 연습.

No.25 (77) 손가락의 독립과 평균, 손목의 부드러운 움직임을 위
　　한 연습. a) sempre legato는 스타카토, 테누토, 포르타토 등
　　다양한 터치로 응용 연습. b) 각 마디의 이음줄은 다양한
　　아티큘레이션으로 응용 연습.

No.26 (79) 짧은 손가락(엄지손가락과 새끼손가락)과 긴 손가락(제
　　2, 3, 4손가락)의 구별과 독립을 위한 연습. 손가락을 올렸다
　　내렸다 하는 명확한 터치(하이핑거 터치)와 손가락 끝을 건
　　반에 밀착시킨 터치(비로드 터치), 두 가지로 연습. c)는 손
　　가락의 독립에 유익하다.

No.27 (79) · No.28 (79) 정확한 박절 속 악센트 습득 연습. 악센
　　트가 붙은 소리의 상호관계는 다른 선율을 형성하는 것에
　　주목.

No.29 (81) 7박자의 예비 연습. a)와 b)는 대칭 관계이다. c)는 그
　　조합을 엇갈리게 한 형태로 대칭 카논의 기본적 연습. ∧
　　기호의 위치와 엇갈림에 주의. 악보 예 참조.

No.30 (85) 7화음과 아르페지오의 예비 연습. 부록 No.21, 23, 25
　　의 보충 연습.

가사 번역

이토오 노부히로

가사대역

제74번 헝가리 노래

빌라그 엘지는 침대를 제대로 고쳤지만
카라 이슈트반은 그 위에 모자를 두고 내렸다.
'엘지, 내 모자 좀 갖다 줘,
여자애들에게 내 예쁜 눈 볼 수 없도록.'

그녀는 모자를 가져 왔다. 그녀도 그의 예쁜 눈을 다른
여자애들에게 보이고 싶지 않았기 때문이다.

제95번 여우의 노래

내 정원에는 오이가 심어져 있고
거기에는 홈이 파여 있어.
'여우야 멈춰라 조심해라.
널 잡아서 오두막에 집어넣을게.

널 잡아서 오두막에 집어넣을게.
짧은 쇠사슬에 묶이고
짧은 쇠사슬에 묶여서
이제 아무 데도 못 가게 될 거야.'

악보정서　주식회사 쿠라후톤
교열협력　키타무라야스시
　　　　　무라타요오코
　　　　　타나카마리
　　　　　타나카요오코
　　　　　후카야베루타

출판협력　바르토크 연구회

BARTÓK

THE SELECTED WORKS FOR PIANO

5

바르토크集

MIKROKOSMOS 미크로코스모스

IV

Edited and Revised
by

TAKASHI YAMAZAKI

Commented
by

NOBUHIRO ITO

태림스코어

CONTENTS

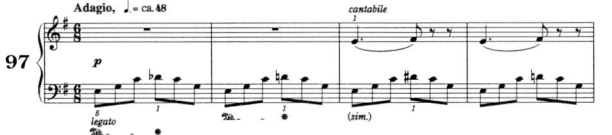

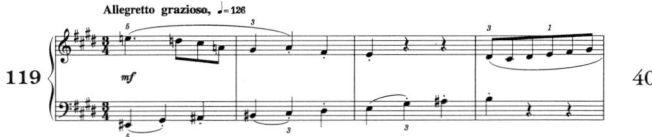

작곡자 서문

《미크로코스모스》중 앞의 네 권은 나이에 상관없이 피아노 초보자를 위해 쓰여진 교재로, 학습 초기 단계에 만나는 단순한 기술적 문제를 최대한 보완할 수 있도록 되어 있습니다. 제1권부터 3권까지는 피아노를 시작한 지 1~2년 된 사람들에게 알맞은 곡입니다. 이 세 권은 기술적·이론적인 해설이 없다는 점에서 지금까지의 '피아노 교칙본'과는 차이가 있습니다. 이들은 교사가 학습자에게 설명하도록 남겨진 것입니다. 비슷한 문제를 다룬 곡이 두 곡 이상 수록된 경우도 있는데, 그때 교사와 학습자는 자신들이 스스로 필요한 곡을 선택할 수 있습니다. 반드시 모든 학습자가 96곡 전곡을 다 배워야 한다는 법은 없으며, 그것은 불가능하거니와 추천하는 방법도 아닐 것입니다.

앞의 네 권의 마지막에는 연습에 도움이 되도록 연습과제가 제시되어 있는데, 거기에 괄호로 표시된 숫자는 동일한 기술적 문제가 포함된 곡 번호를 나타냅니다. 같은 기술적 문제가 복수의 연습과제로 사용된 경우가 있습니다. 이때도 교사는 학습자의 능력에 맞춰 알맞은 선택을 해야 하며, 앞서나가는 학습자에게는 보다 어려운 과제를, 아직 진전이 더딘 학습자에게는 쉬운 과제를 골라주도록 합니다. 이 연습과제들은 관련된 기술적 문제를 포함한 곡으로 들어가기 전에, 그리고 바로 직전보다는 어느 정도 적당한 시기에 정해두어야 할 것입니다. 아주 초보적인 과제, 즉 다섯 손가락을 위한 연습, 엄지손가락을 넘기는 연습, 분산화음의 연습 등은 여기에 포함되지 않습니다. 이러한 점에서 종래의 '피아노 교칙본'과는 다르다고 할 수 있습니다. 피아노 교사라면 그러한 연습에 관해서는 잘 알고 있을 것이고, 경우에 따라서는 적당한 연습곡을 찾아낼 수 있다고 생각했기 때문입니다.

곡과 연습과제는 기술적·음악적인 난이도에 따라 나열되어 있는데, 이것은 대략에 불과합니다. 교사는 그 순서를 각 학습자들의 능력에 맞춰 바꾸어도 무방합니다. 특히 제1권부터 3권의 경우, 메트로놈 기호와 연주시간의 표시는 단순한 참고사항 정도로 생각합니다. 처음 몇 십 곡은 경우에 따라 보다 빠르게, 또는 보다 느리게 연주해도 좋습니다. 학습이 진행됨에 따라 빠르기는 자유롭게 정해지는 것이 아니기에, 제5권과 6권의 빠르기 표시는 꼭 지켜야 합니다. 곡 번호에 붙여진 별표(*)는 권말에 주석이 있다는 의미입니다.

제43, 44, 55, 68번의 네 곡에는 제2피아노 파트가 추가되어 있습니다. 학습자가 가능한 빠른 단계에 합주를 시작하는 것은 중요합니다. 물론, 이 두 대의 피아노를 위해 쓰인 곡은 두 대의 피아노가 사용할 수 있는 레슨실에서(레슨에는 그것이 바람직합니다만)만 사용될 것입니다. 다른 네 곡, 즉 제65, 74, 95, 127번은 피아노 반주가 있는 가곡으로 쓰여졌습니다. 모든 악기의 연습은 학습자가 노래하는 것으로부터 시작되어야 합니다. 그렇게 시작된다면, 이 곡들과 피아노를 위한 곡을 연주하는 것은 어려운 일이 아닙니다. 학습자는 이때 2단 악보가 아닌, 3단 악보를 읽는 연습을 하게 되고, 반주를 하면서 스스로 노래할 수 있게 될 것이기 때문입니다. 제74번과 95번은 수월하게 연주할 수 있도록 피아노 솔로 버전도 넣어두었습니다. 이 버전을 먼저 연습하고, 그 다음에 노래와 피아노 버전에 임하면 좋을 것입니다. 제65번은 다양한 연주 형태에 대해서 제2권의 권말에 부록이 있습니다.

제4권으로 들어갈 때는 예를 들어, J. S. 바흐의 《안나 막달레나 바흐를 위한 클라비어 소곡집》, 또는 체르니의 적당한 연습곡 등의 곡집과 함께 조합해서 공부하면 좋고, 또 그렇게 해야 한다고 생각됩니다. 간단한 곡이나 연습과제에 대해 다른 조성으로 이조해서 연주해볼 것을 권합니다. 제1권부터 3권의 어느 곡을 편곡해보는 것에도 도전해 보세요. 여기에서 말하는 편곡이란 '엄격한' 것으로, 예를 들어 하프시코드로 연주하는 것처럼 어떤 성부에 옥타브를 더해 연주해보는 것과 같은 것을 말합니다. 그리고 제45, 51, 56번 등은 두 대의 피아노로 옥타브를 더해 연주해보는 것도 가능합니다. 보다 더 대담한 편곡으로는 제69번(제3권)의 반주를 다음과 같은 형태로 바꾸는 것도 가능합니다.

그렇게 하면 제10-11, 14-15, 22-23, 26-27, 30, 32-33마디 등은 능숙하게 빠져나가야 할 장면이 발생합니다. 이러한 다양한 가능성이 있기 때문에 마땅히 해야 할 해결은 교사나 학습자에 의해 이루어지는 것이 좋을 것입니다.

편곡에 대해 이야기하자면 몇 개의 곡들(간단한 곡 중에서는 제76, 77, 78, 79, 92, 104b번, 보다 어려운 곡 중에서는 제117, 118, 123, 145번 등)은 하프시코드로 연주하기에 알맞은 곡입니다. 하프시코드의 옥타브를 더하는 방법은 레지스터의 조작으로 가능하게 됩니다.

마지막으로 《미크로코스모스》의 또 다른 사용법으로, 보다 앞선 학습자에게 초견 연습의 교재로 유효하다는 사실을 덧붙이고자 합니다.

벨라 바르토크
(이토 노부히로 역)

BARTÓK
THE SELECTED WORKS FOR PIANO

5

Mikrokosmos IV

Notturno

야상곡

(1'40")

4

Fingeruntersetzen / Alátevés

엄지손가락

98

(35")

Mit gekreutzten Händen / Kézkeresztezés

교차하는 양손

(1'00")

6

Wie ein Volkslied / Népdalféle

민요풍으로

(45")

Verminderter Quintenabstand / Szűkített ötödnyi távolság

감5도 간격으로

(57")

Obertöne / Felhangok

배음(하모닉스)

는 소리를 내지 않고 건반을 누른다.

Moll + Dur / Moll és dúr

단조와 장조

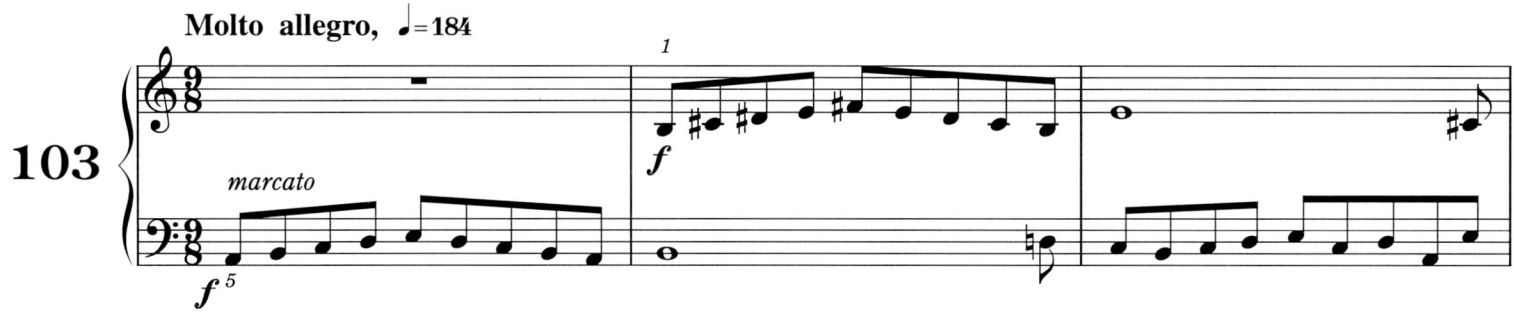

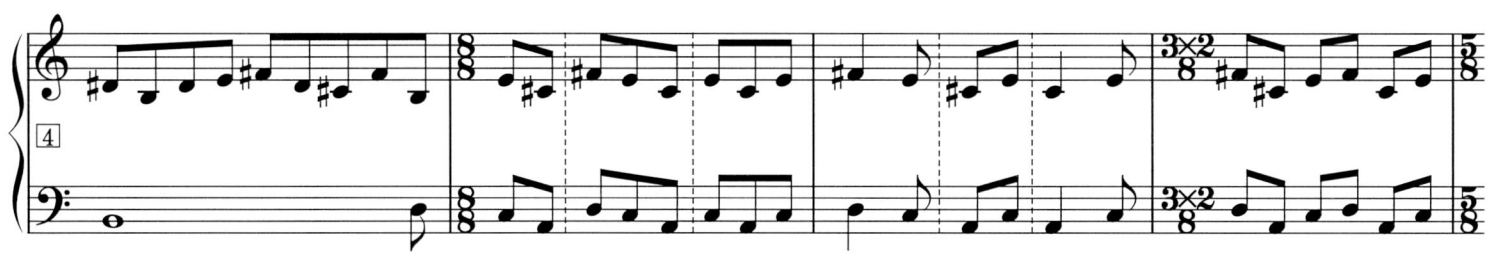

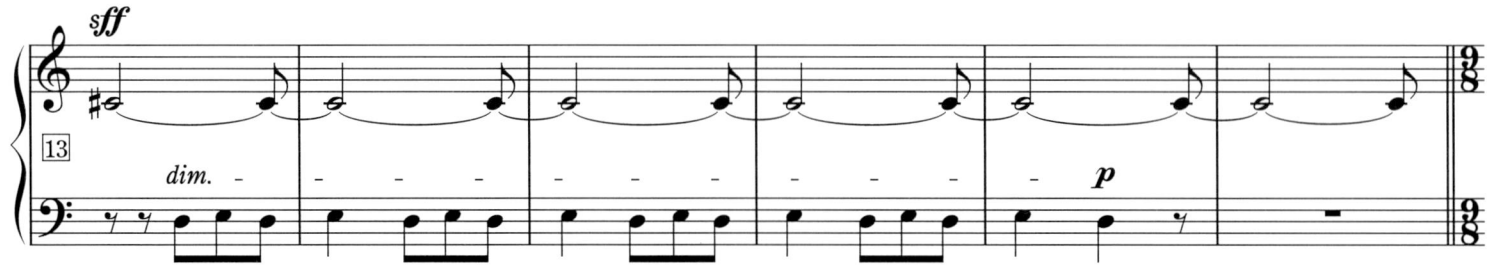

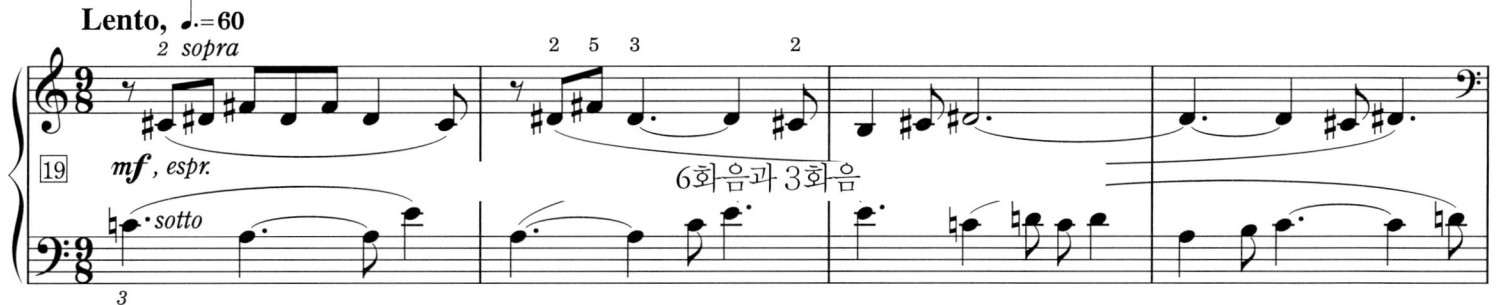

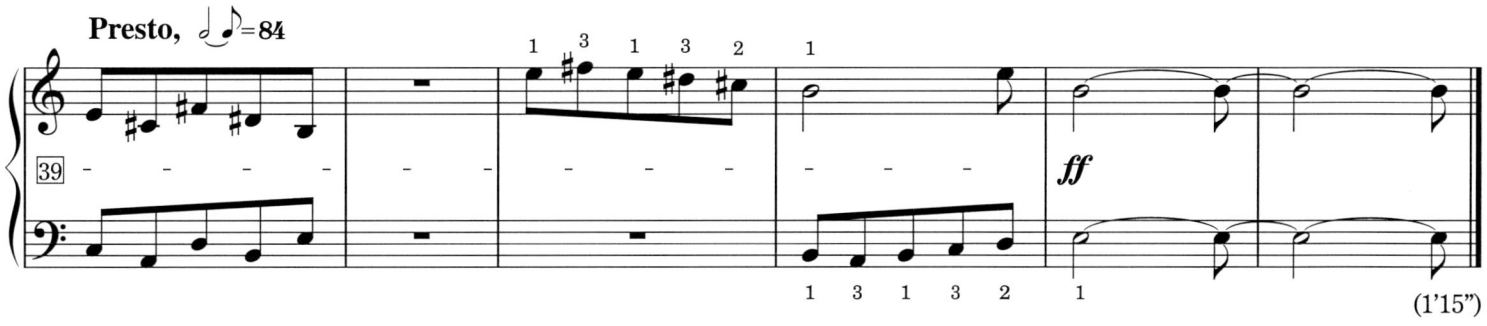

(1'15")

Ganz durch Tonarten / Vándorlás egyik hangnemből a másikba

조성에서 조성으로 떠돌며

(30”)

b)

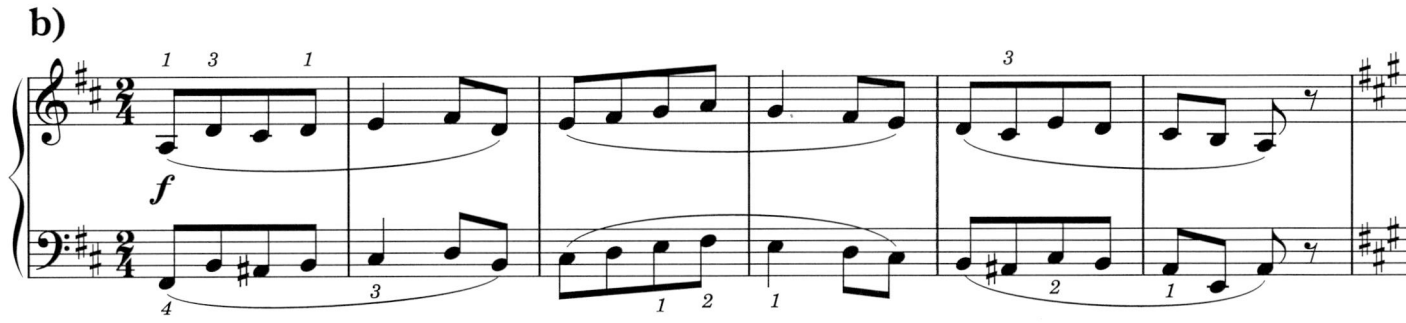

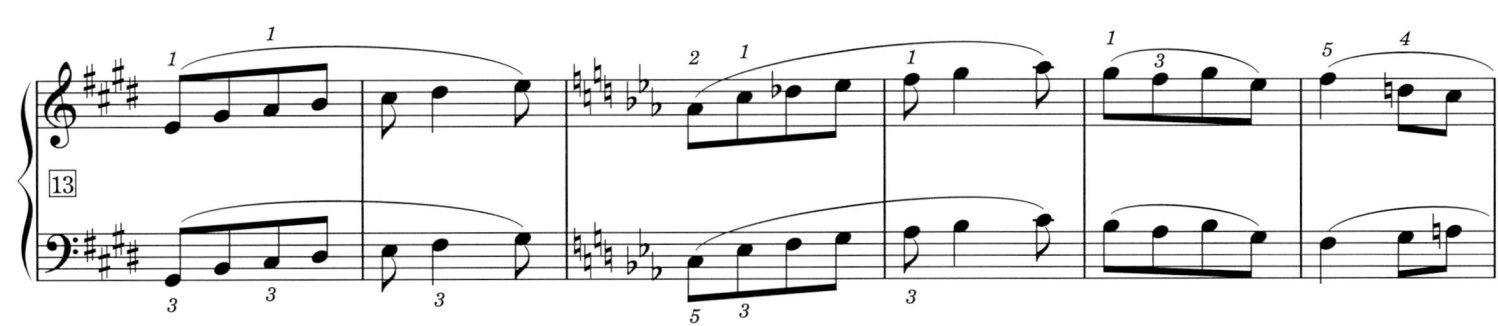

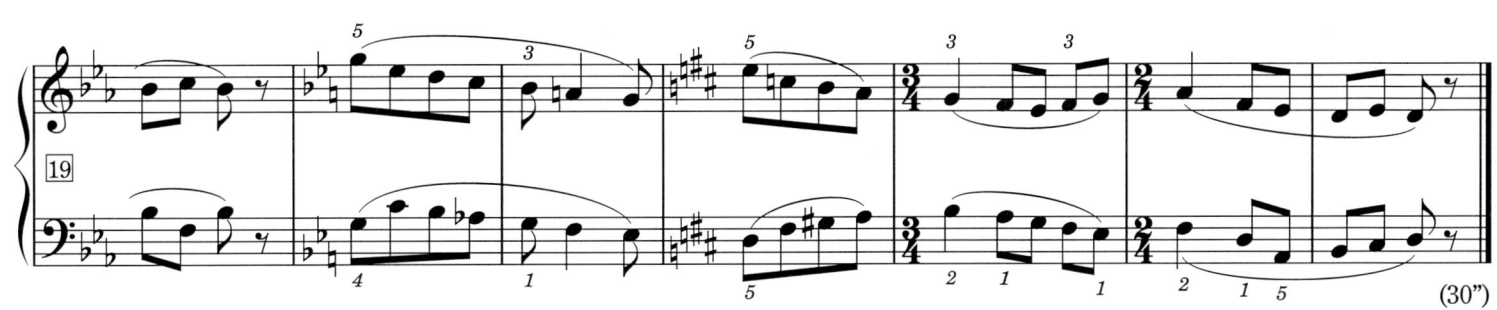

(30")

Spiel-lied (mit zwei fünfstufigen Leitern) / Játék (két ötfokú hangsorral)
소품(2개의 5음 음계로)

Tempo I.

accel. _ _ _ _   *poco allarg.* _ _ _ _

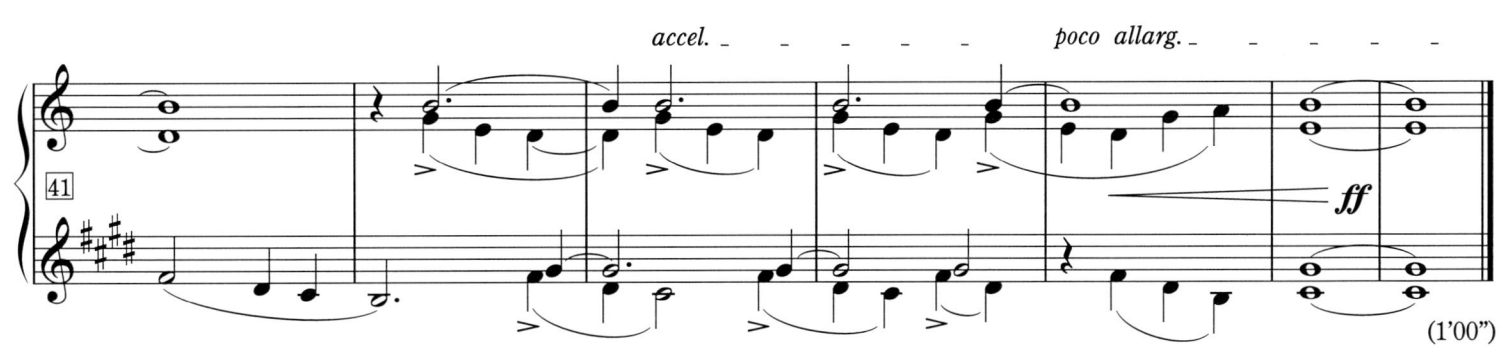

(1'00")

Einfache Weise / Gyermekdal

어린이의 노래

(1'05")

Melodie im Nebel / Dallam ködgomolyagban

안개 속의 선율

Tranquillo, ♩. = 46

(1'10")

Ringen / Birkózás

격투기

Allegro non troppo, ♩ = 112

108

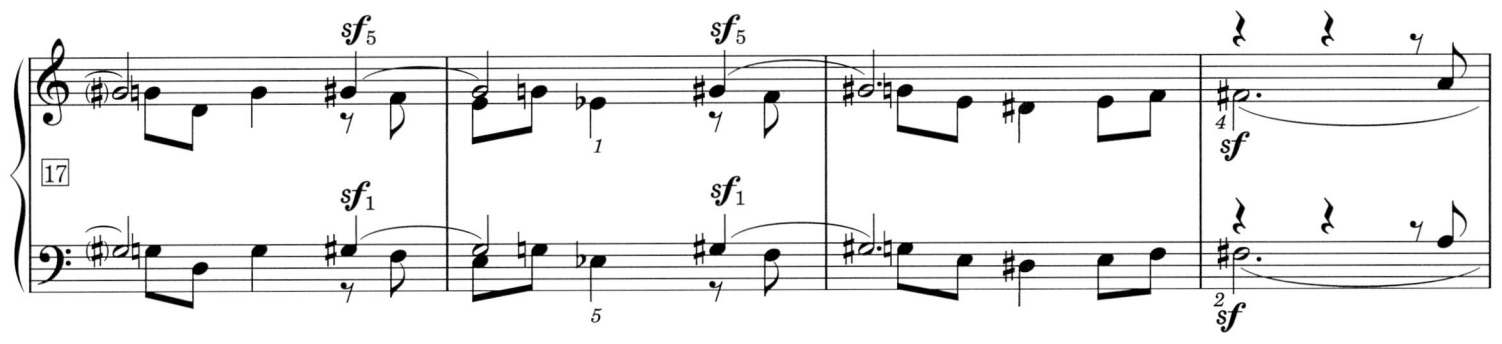

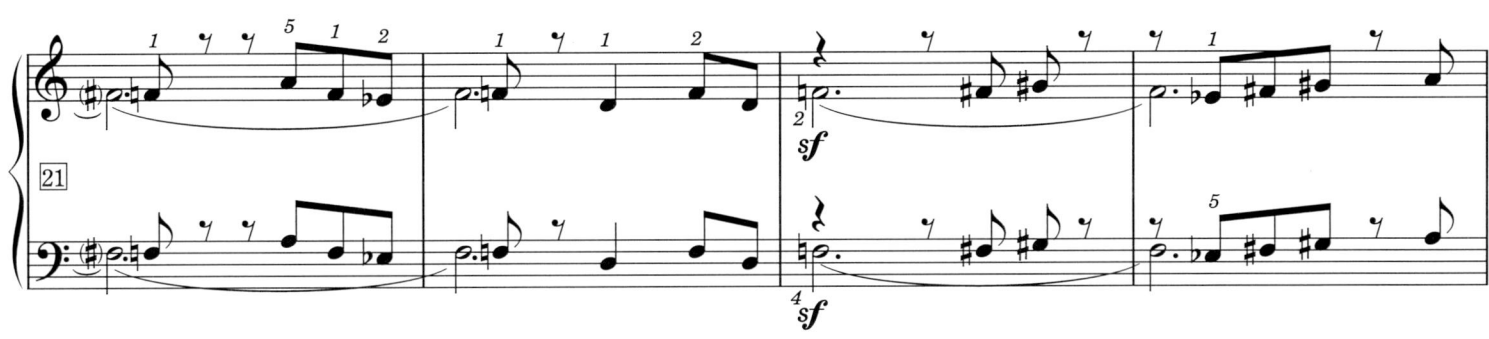

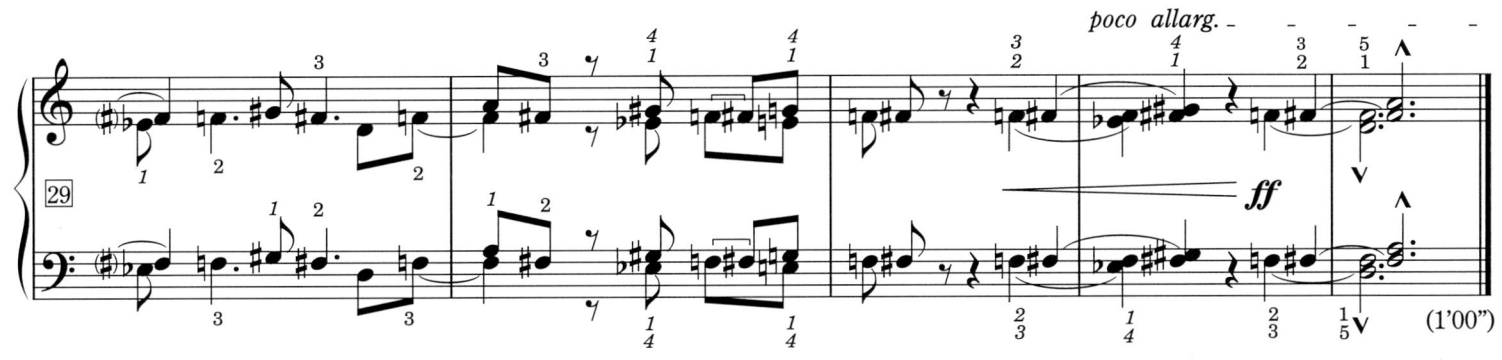

(1'00")

Auf der Bali Insel / Bali szigetén

발리섬에서

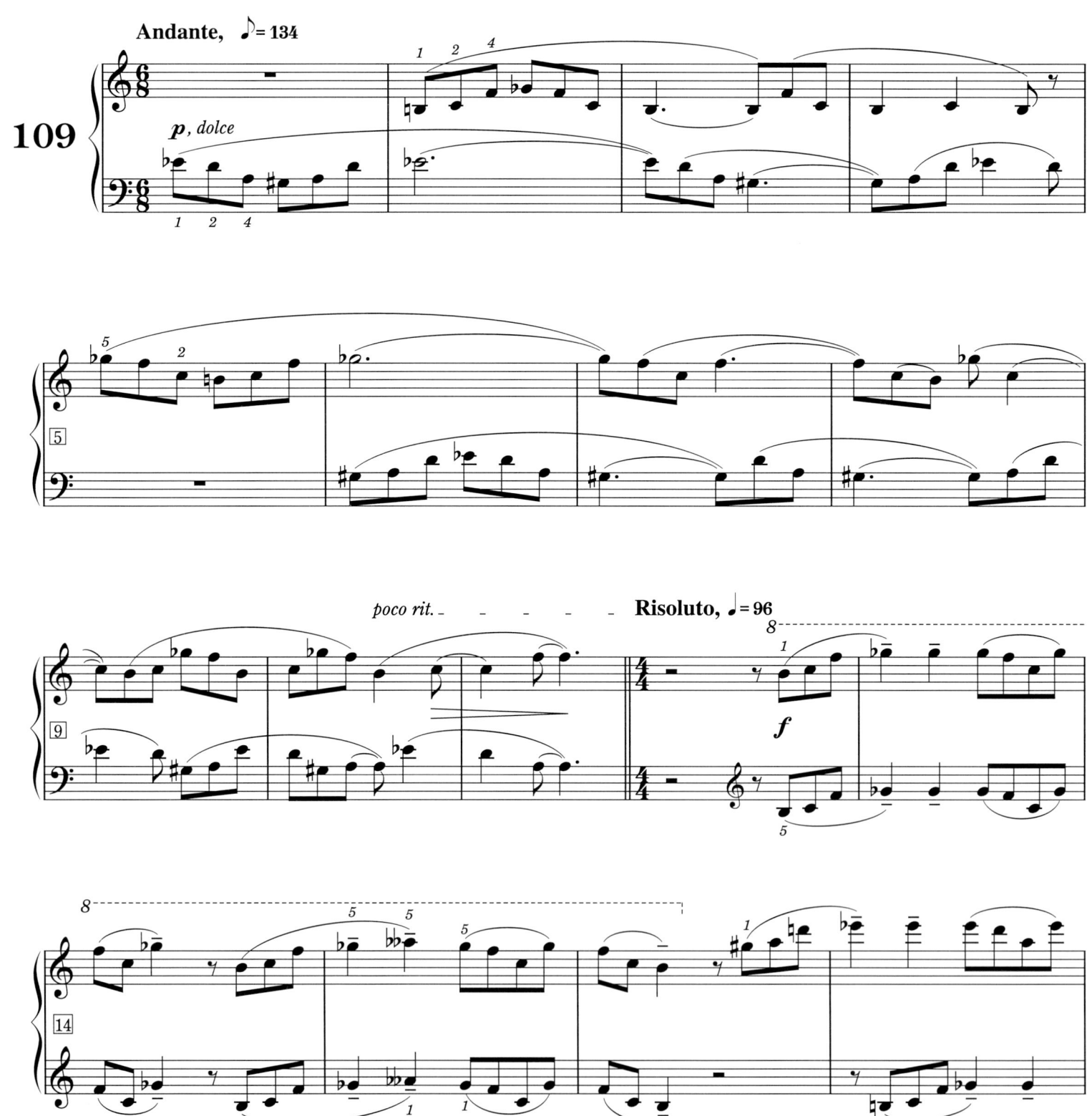

(1'56")

22

Es klirren Töne aneinander / És összecsendülnek – pendülnek a hangok
서로 부딪히는 음

23

Intermezzo

간주곡

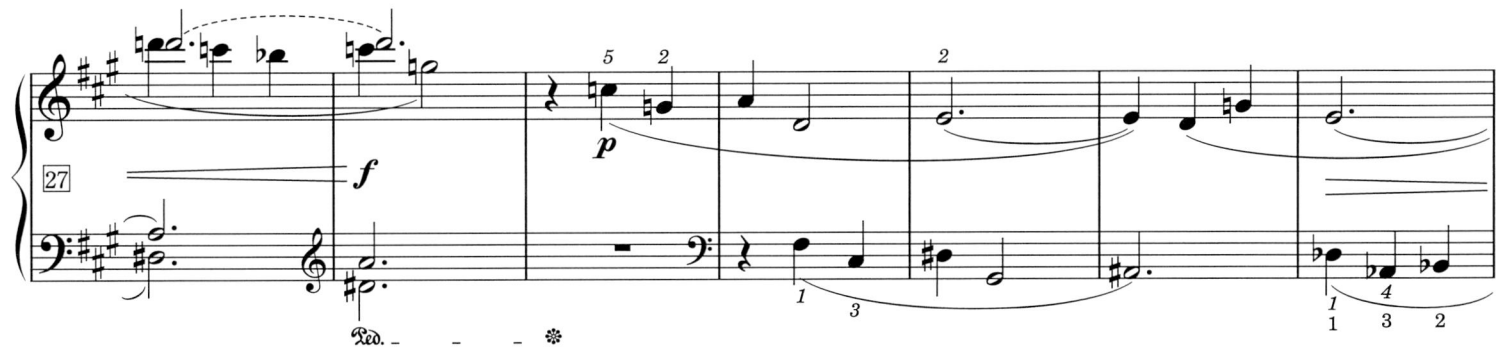

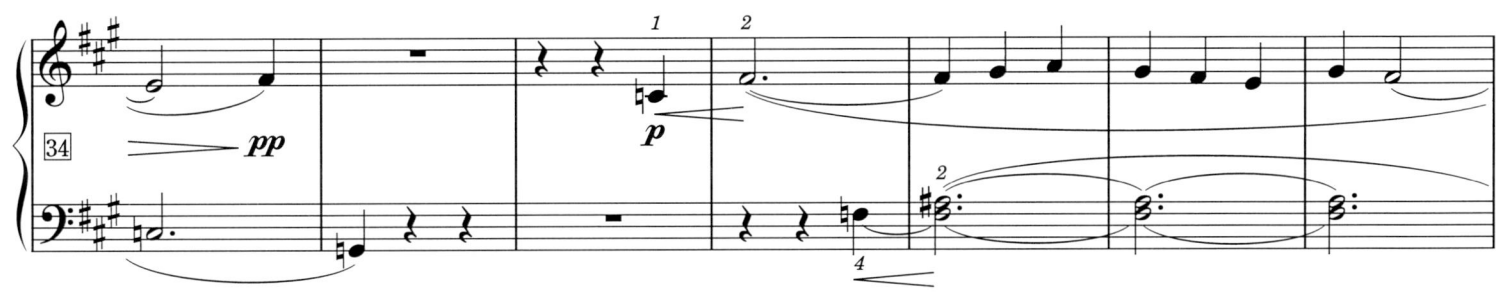

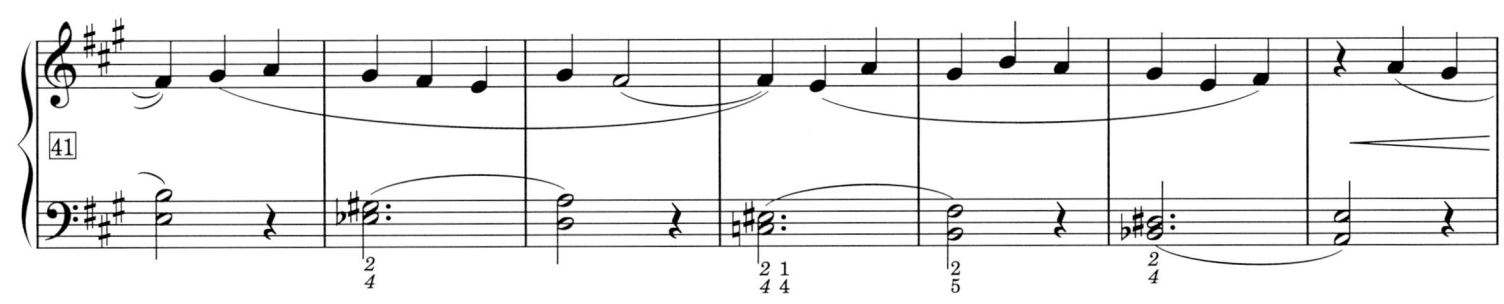

(1'38")

Variationen über ein Volkslied / Változatok egy népdal fölött

민요에 의한 변주

Un poco meno mosso, ♩=106

p, legato

accel. _ *al* **Vivace,** ♩=138

cresc. _ _ _ _ _ _ _ _ _ _ _ _ _ _ _ _ _ *mf* *sff* *f*

f

meno f

f

(1'00")

28

Bulgarischer Rhythmus / Bolgár ritmus

불가리아 리듬

（１）

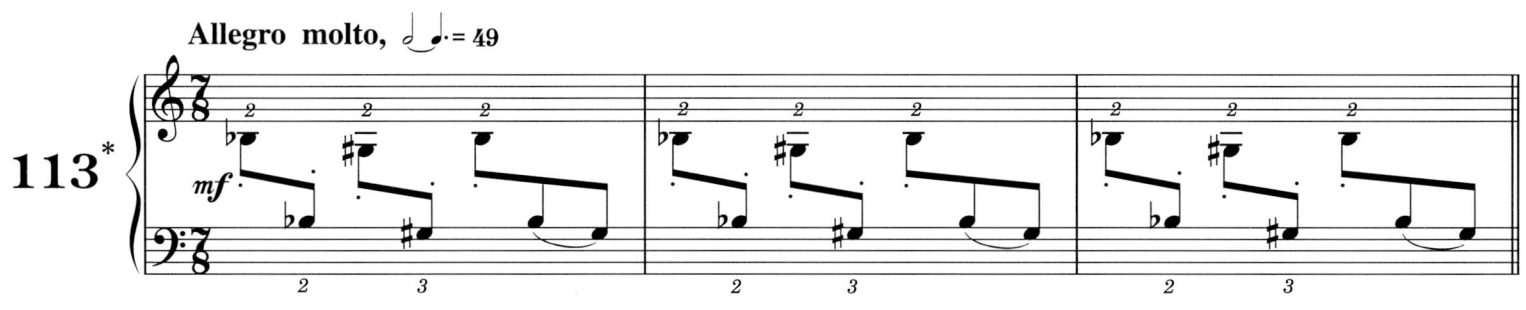

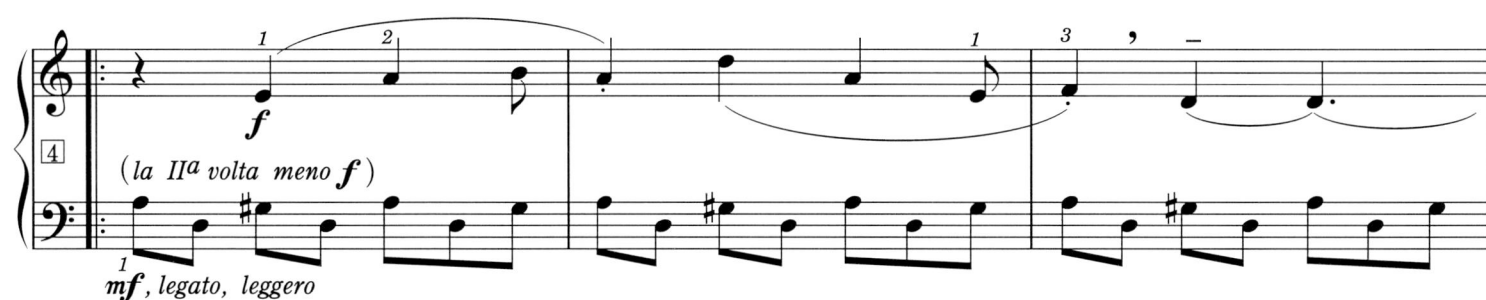

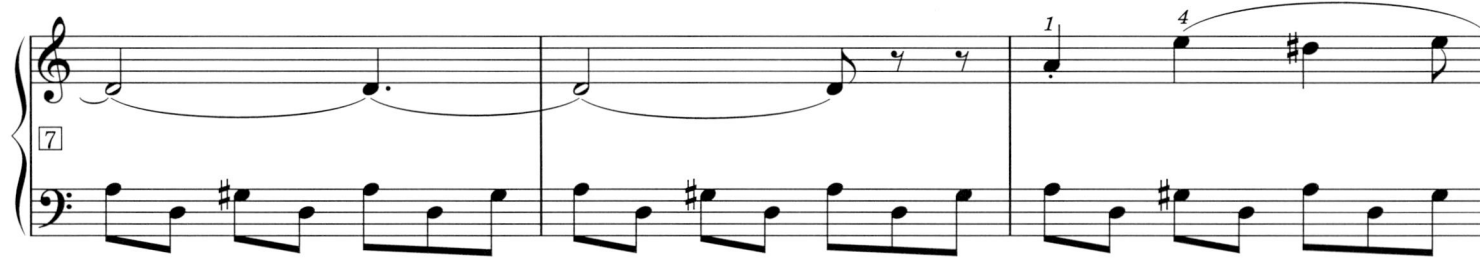

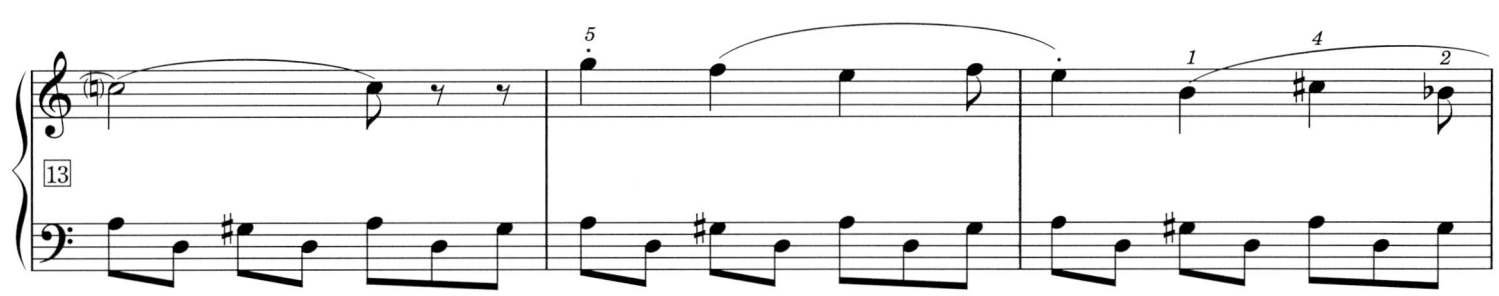

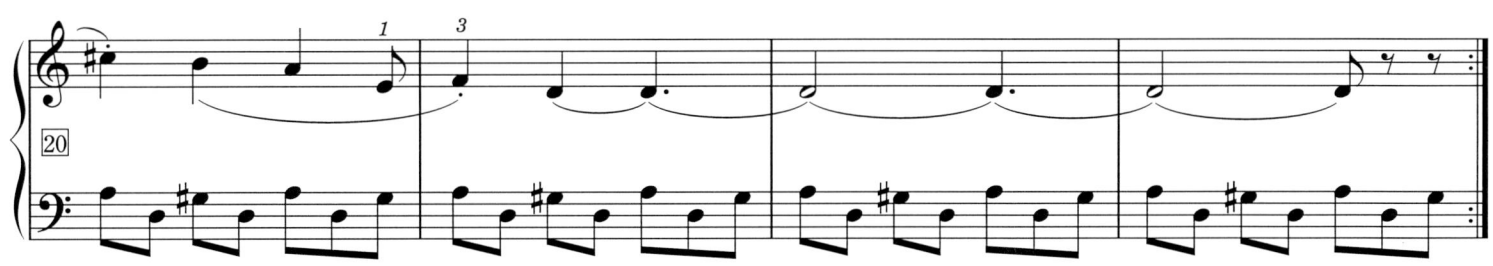

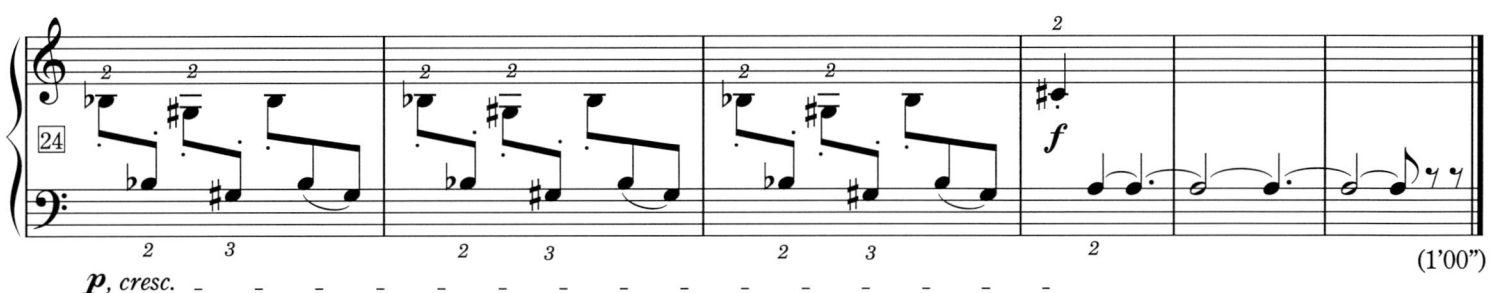

(1'00")

30

Thema und Umkehrung / Téma és fordítása

주제와 전희

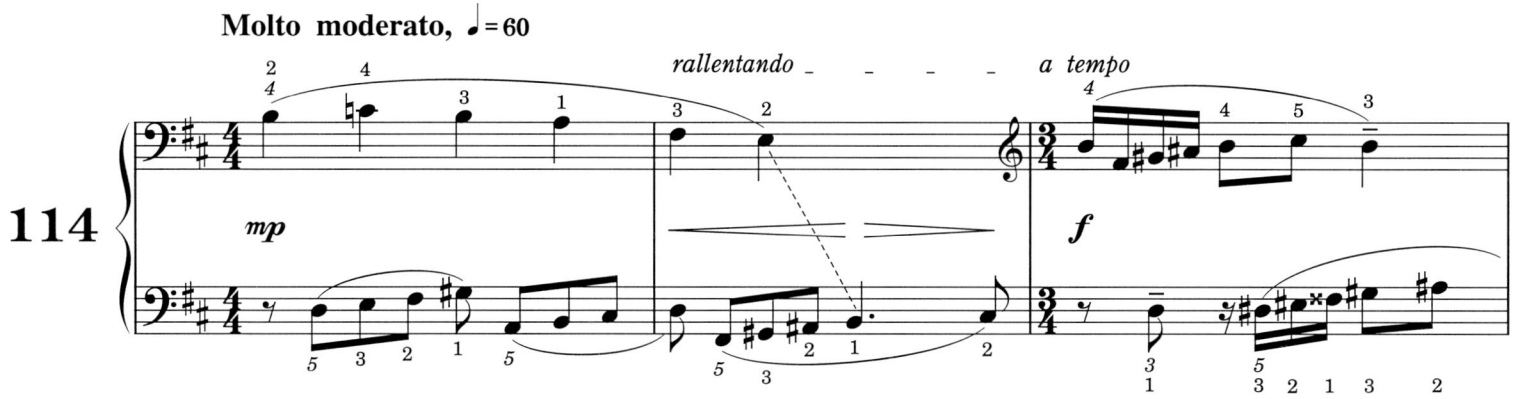

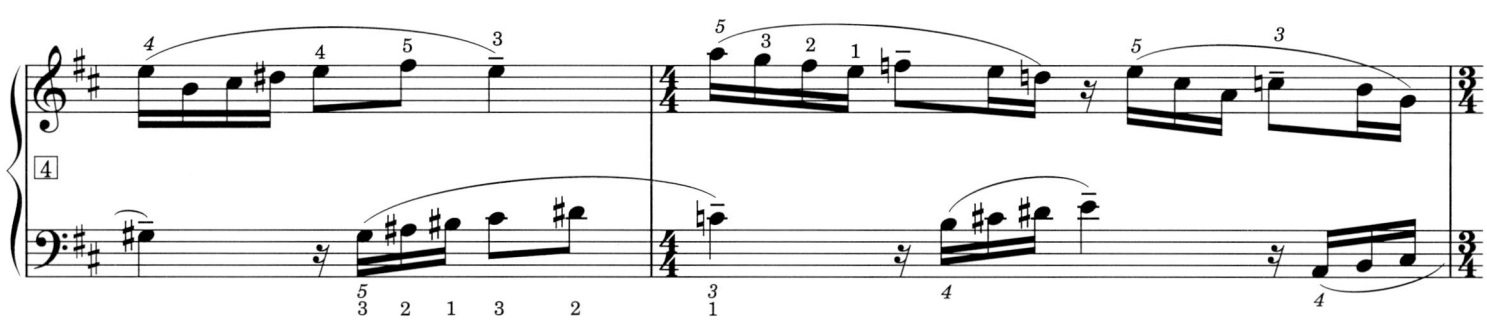

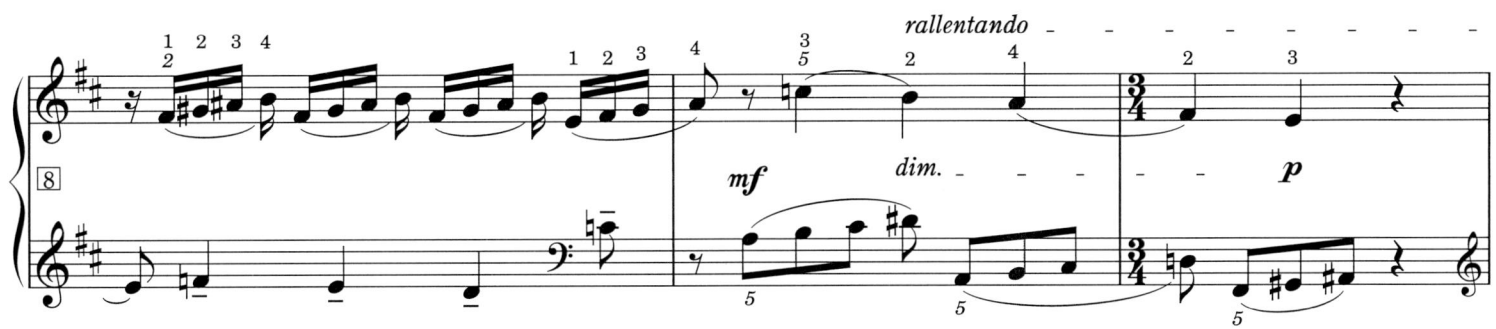

(1'15")

Bulgarischer Rhythmus / Bolgár ritmus

불가리아 리듬

（2）

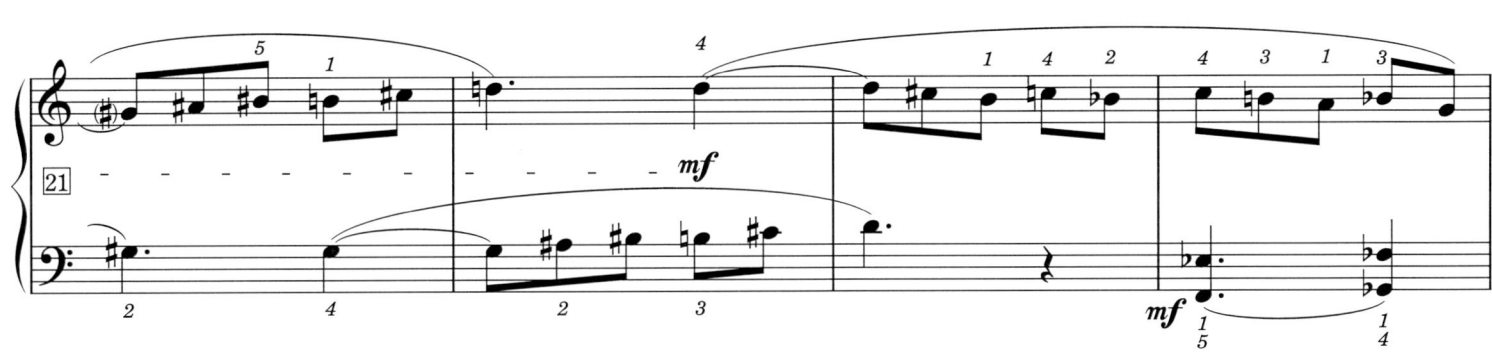

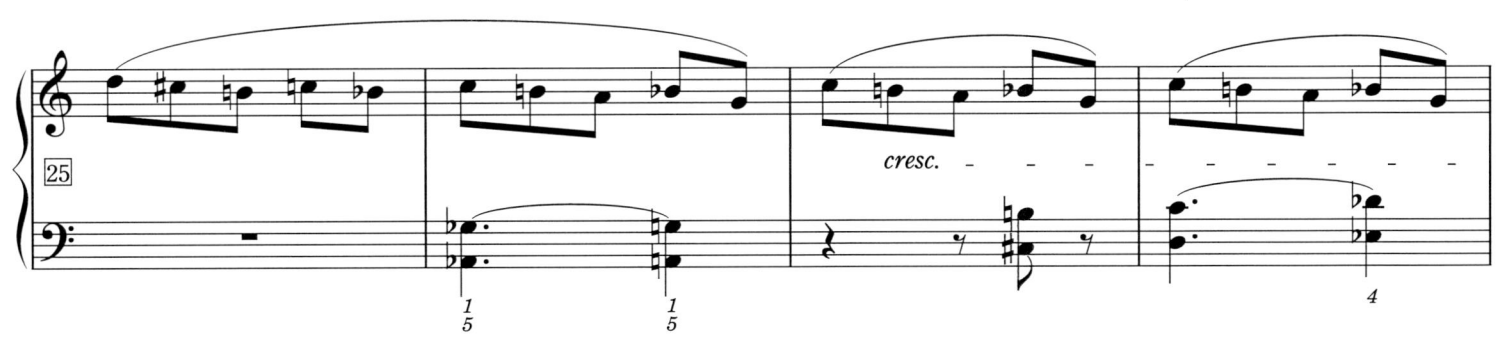

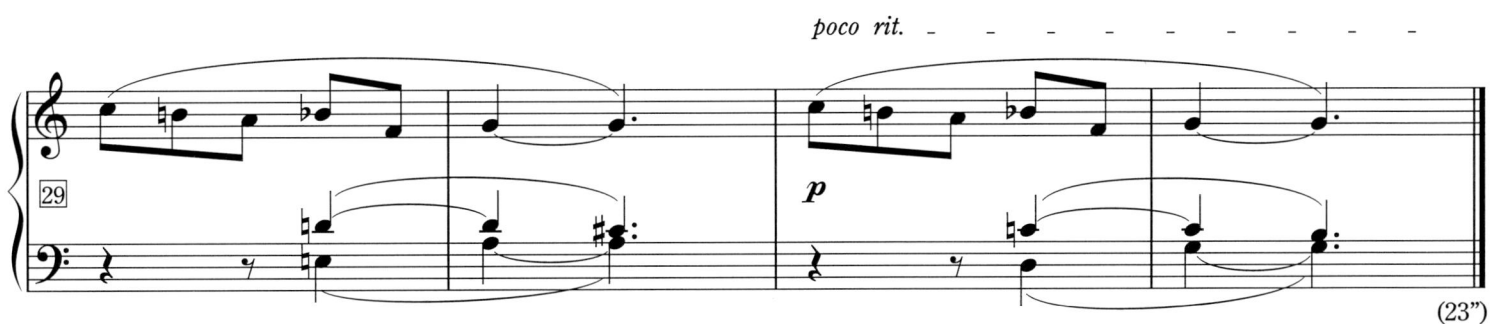

(23")

Melodie / Nóta

노래

116

(1'30")

Bourrée

부레

Allegretto, ♩ = 126 – 120

117

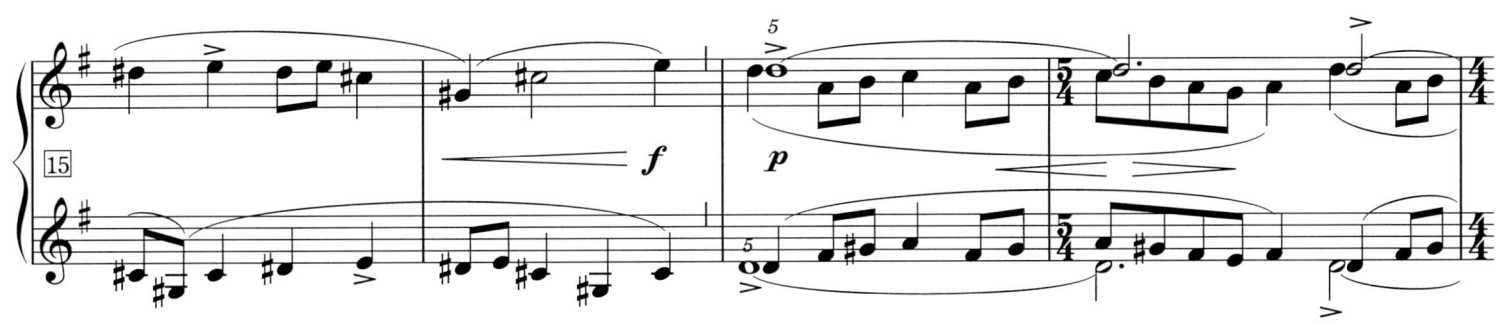

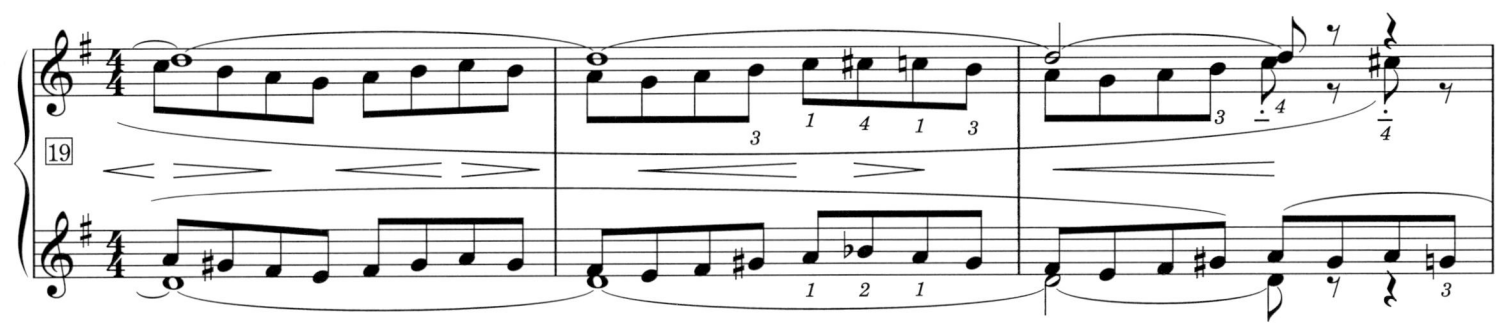

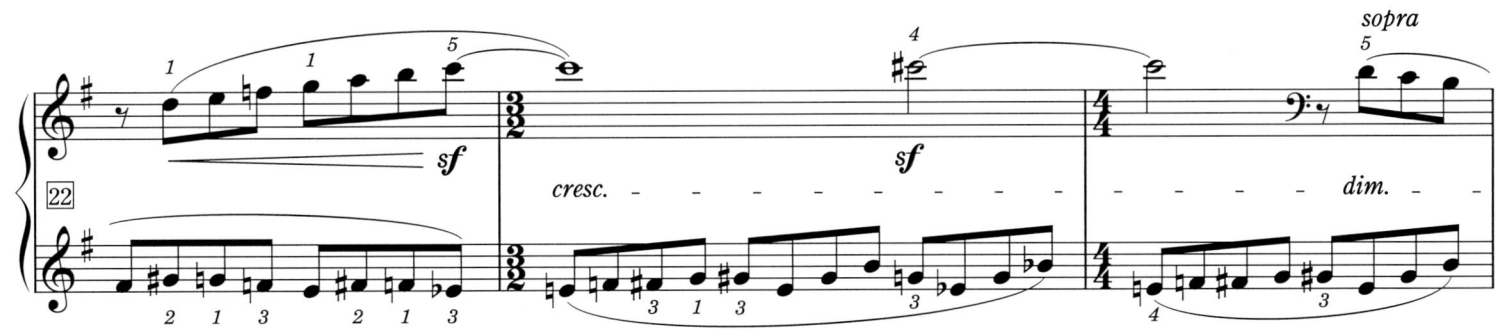

(1'00")

Triolen im 9/8
Triolák 9/8-ban
9/8박자의 셋잇단음표

(57")

Tanz im 3/4
3/4 es - tánc
3/4박자의 춤곡

Allegretto grazioso, ♩=126

119

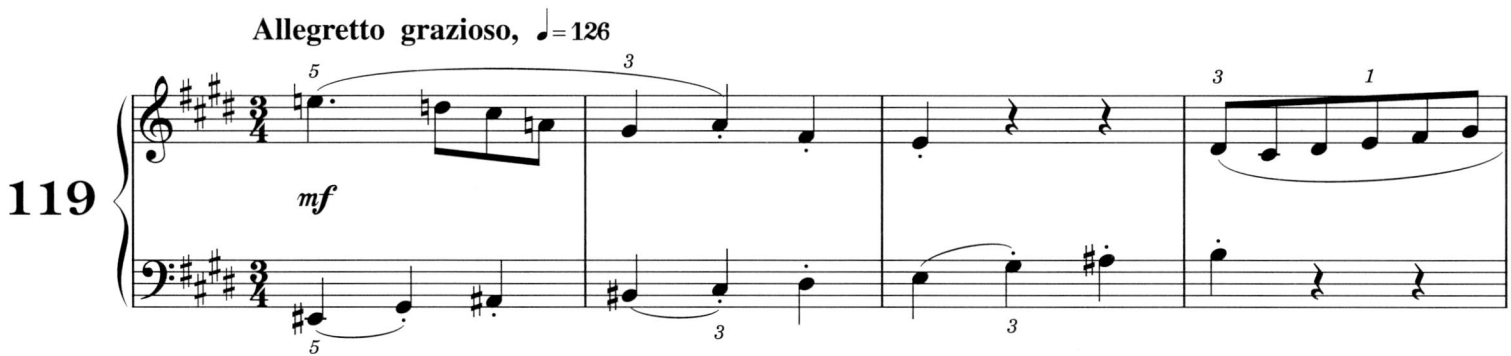

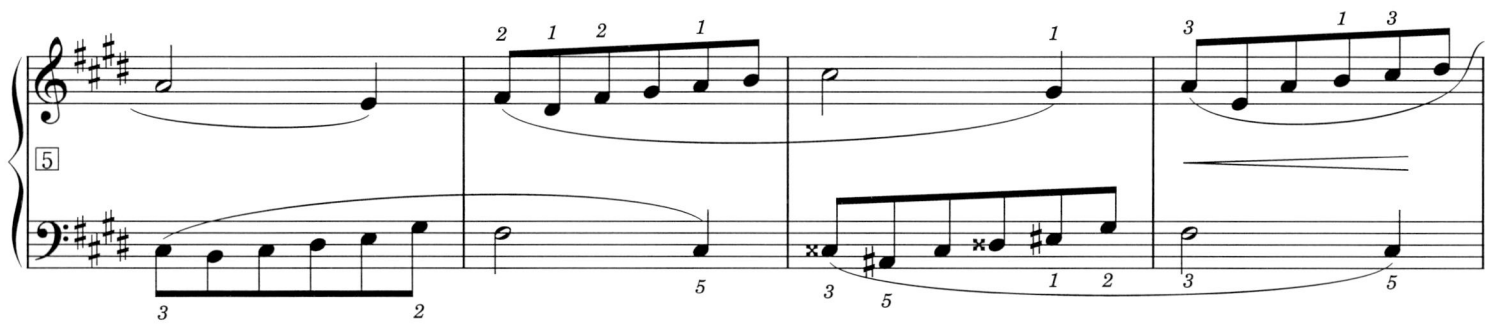

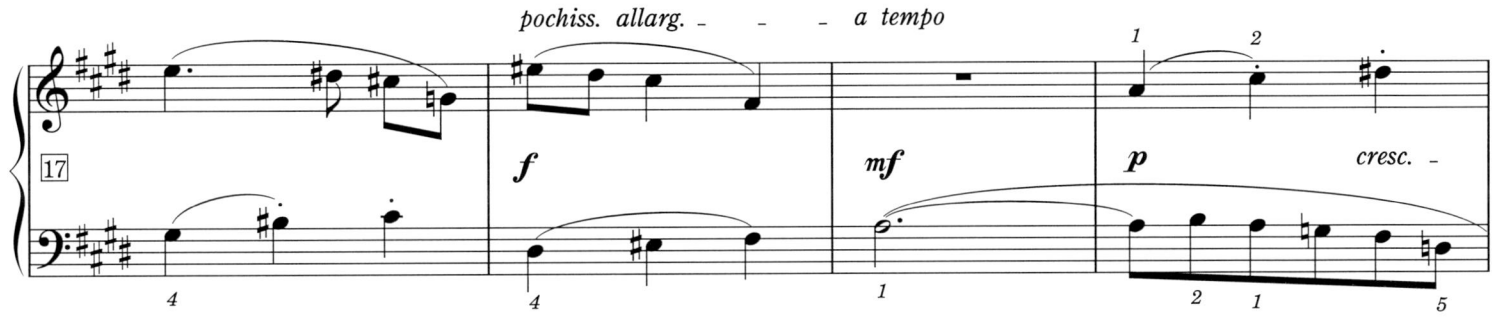

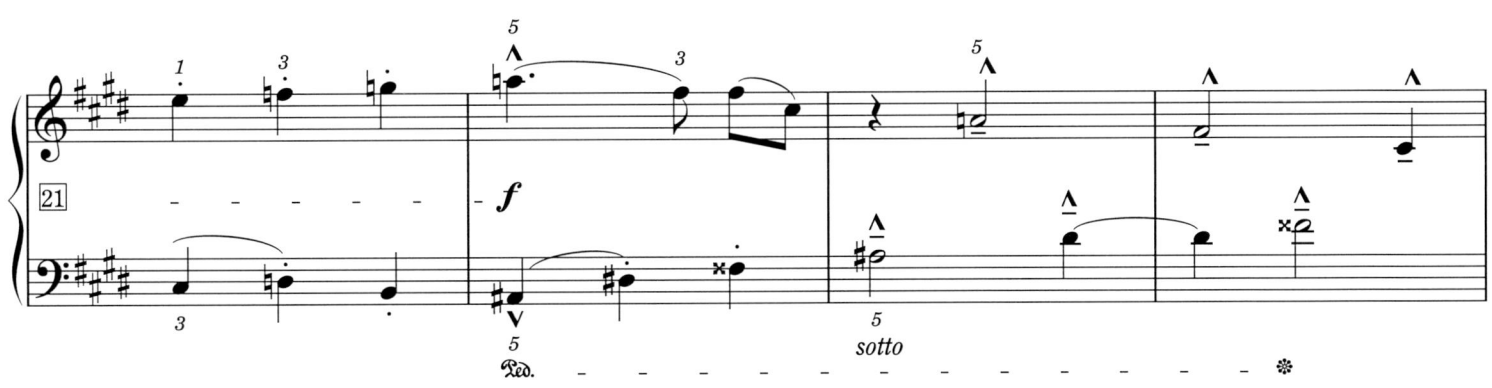

42

Quint-Akkorde / Kvintakkordok

5도의 3화음

(1'00")

Zweistimmige Studie / Kétszólamú tanulmány

2성부 연습

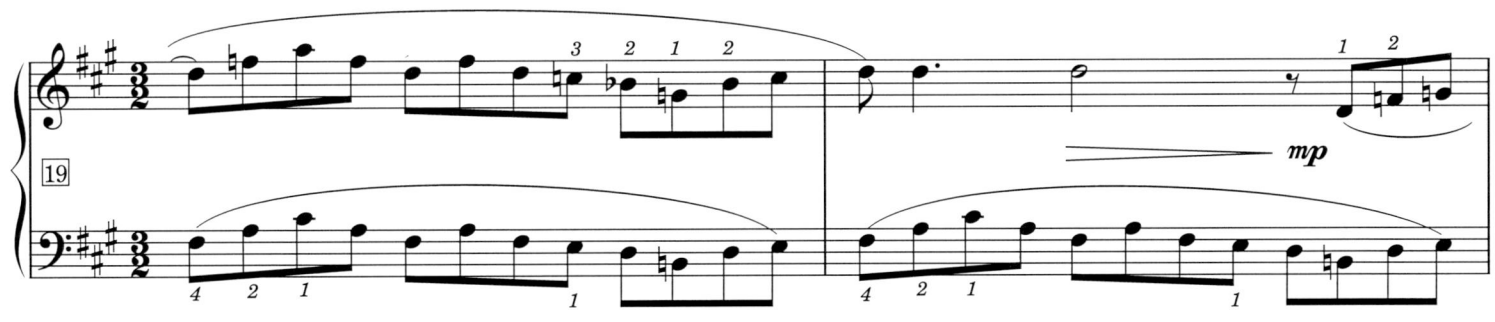

(1'15")

46

Anhang : Übungen / Függelék : Gyakorlatok
부록 : 연습과제

(22")

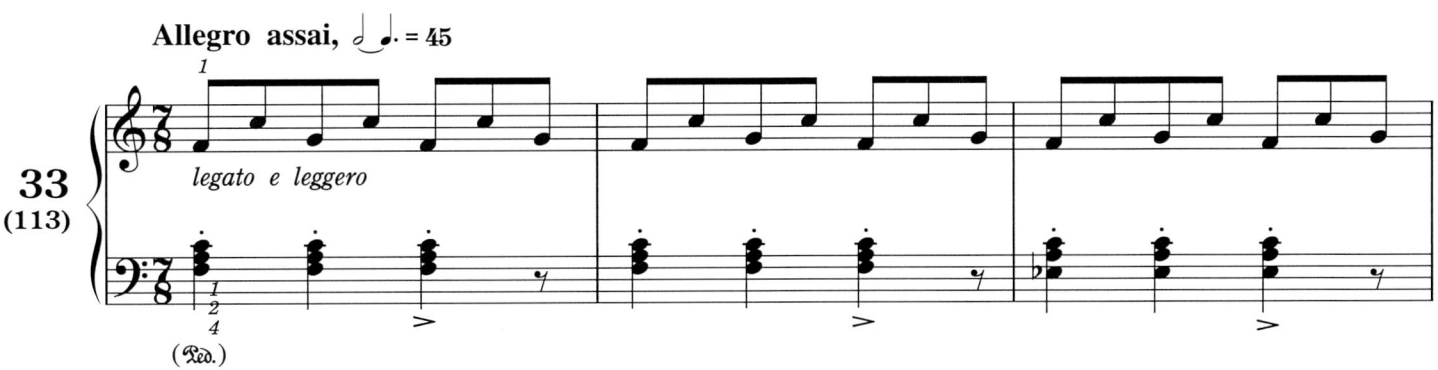

Allegro assai, ♩. = 45

legato e leggero

33
(113)

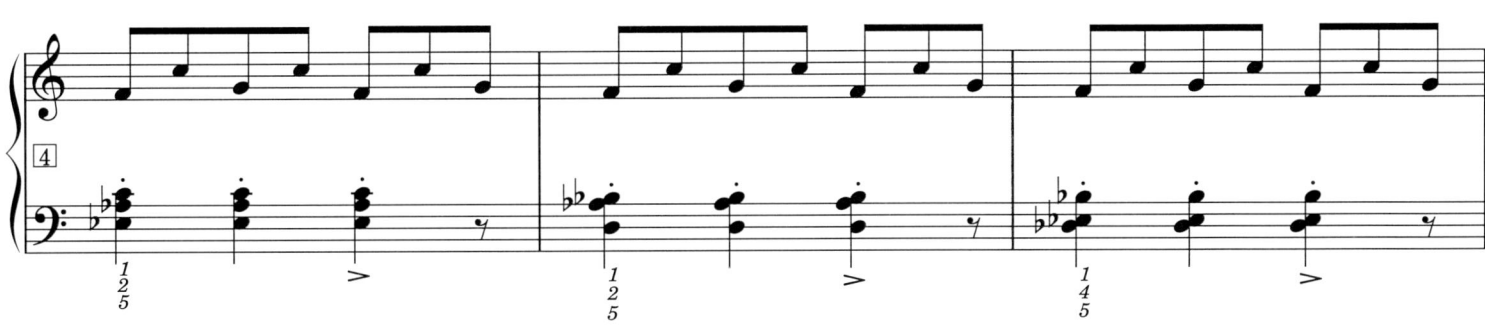

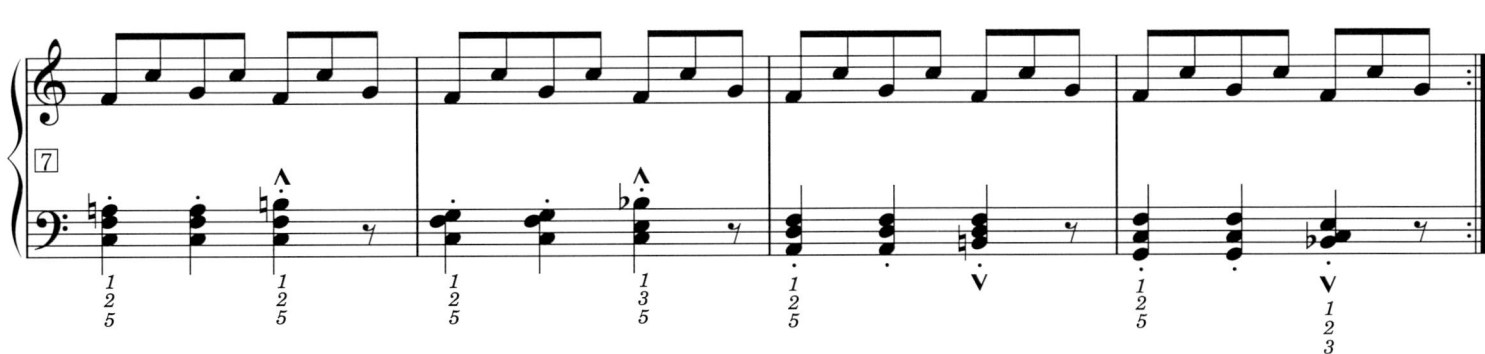

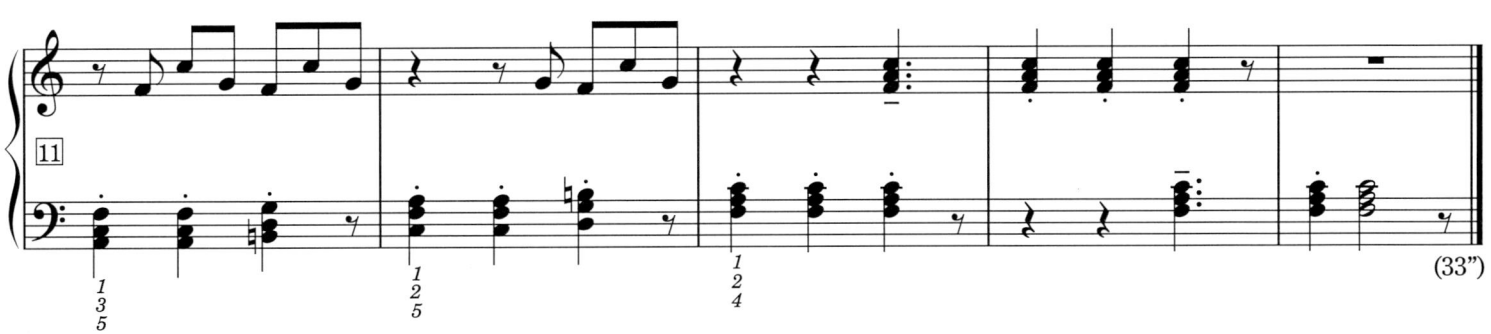

(33")

Anmerkungen 주석

제113번

반복에 있어서는 다음과 같이 연주할 수 있다.

이렇게 계속 옥타브를 거듭하는 것이다. 이 경우 두 번째는 처음보다 크게 연주된다. 리듬 감각을 익히기 위해 이 곡은 다음과 같이 연습되는 것이 바람직하다. 우선 이 곡을 완전히 연주할 수 있는 두 명의 연주자(이 연습은 진행된 학생들에게도 도움이 될 것이다)가 있다면 이를 피아노 듀오로 연주한다. 그때, 제2피아노 연주자는 서주의 3마디와 마무리의 6마디, 그리고 반주를 옥타브 밑에 겹쳐서 (양손으로) 연주한다. 제1피아노 연주자는 선율을 옥타브 위에 겹쳐 연주한다. 두 사람은 두 파트를 모두 연습한다.

|권 말|

바르토크의 피아노 음악

이토 노부히로(伊東信宏)

'클래식'이나 '전위'라는 음악의 장르 구분도, 지역이라든가 민족에 의해 구별해 오던 음악 양식도, 점차 그 경계가 애매해지면서 차이점마저 사라지고 있는 현대의 음악 상황에서 벨라 바르토크(Béla Bartók, 1881~1945)의 음악은 서서히 그 중요성을 드러내는 듯하다. 그의 음악은 바흐의 엄격함과 베토벤의 진중함을 계승하면서도 쇤베르크의 12음주의와 스트라빈스키의 신고전주의의 틈새를 비집고 야생동물과 같은 탄력성과 과민할 정도의 섬세함을 불가사의하게 융합시키고 있다.

20세기 예술의 틀에서 그 어떤 계파나 주의에도 속하지 않았던 바르토크 음악의 진가는 눈에 띄게 드러나지는 않았다. 그러나 그가 생을 마감한 지 반세기 이상이 지난 지금, 다양한 민족과 언어, 종교가 교차하는 헝가리와 그 주변 지역의 음악을 주시하며 시작된 바르토크의 창작 과제가 우리들에게 더욱 중요하게 느껴지는 것은 무슨 이유 때문일까?

피아노 독주 작품 분야에서 바르토크의 창작 특징을 살펴보면 교육적 작품과 민요 편곡 작품이 차지하는 비율이 상당히 높으며 특히 민요 편곡에 있어서 그 비중은 더욱 커진다. 그는 막대한 시간을 민요 조사 연구에 할애하였고 이렇게 수집한 많은 선율을 피아노 독주곡으로 작품화하였다.

교육적 작품에는 《미크로코스모스》와 같은 체계적인 작품 이외에 교육적 의도를 염두에 둔 작은 편곡집이 많다. 그리고 바흐, 하이든, 베토벤, 모차르트 등 대음악가의 작품 교정, 이탈리아 바로크 작품의 피아노 편곡 등을 포함하면 그가 피아노 교육을 위해 만든 곡집이 예상 외로 많음을 알 수 있다. 바르토크가 오랜 기간 부다페스트의 음악원에서 피아노 교수로 재직했다고는 하지만 20세기의 전위 작곡가로서는 상당히 이례적이라 할 수 있겠다.

지금까지의 설명을 하나의 좌표로 표현해 보면 아래와 같다. 수평선은 민속 음악의 실제 선율을 사용하였는지를 기준으로 하고, 수직선은 교육적 의도를 지닌 작품인지를 기준으로 하면 다음과 같은 좌표가 성립된다.

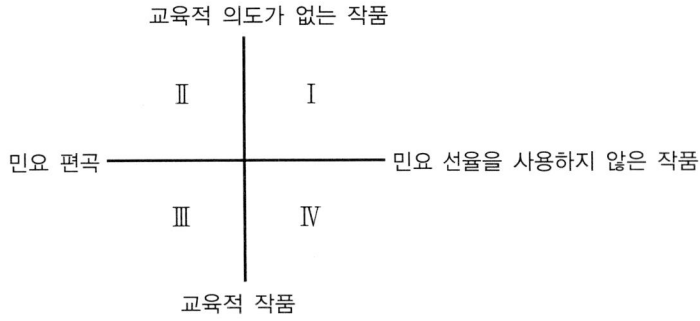

Ⅰ은 교육적인 작품도, 민요 편곡 작품도 아니며, 통상적인 의미에서의 연주회용 피아노 독주 작품이다. Ⅱ는 교육적인 작품은 아니지만 민요 선율을 사용한 곡들인데, 예를 들면 《헝가리 농민가 즉흥곡》(헝가리 농민가를 근거로 한 즉흥곡)이 이 영역에 해당된다. Ⅲ은 민요 편곡 작품이면서 교육적인 작품인데 《어린이를 위하여》가 여기에 해당된다. Ⅳ는 교육적인 작품이지만 민요 선율을 인용하지 않은 곡으로서,

《미크로코스모스》의 대부분이 이 영역에 해당된다.

　이렇게 좌표를 통하여 살펴보았을 때, 바르토크는 모든 영역에서 상당한 양의 작품을 썼다고 할 수 있다. 또한 좌표에서는 바르토크의 피아노 독주 작품의 특징이 확연히 드러나는데 이는 그의 작품을 살펴보는 출발점이 될 수 있을 것이다.

　그리고 바르토크의 경우 시계열적(時系列的)인 고찰도 필요하다. 그의 창작에는 이따금 공백기가 보이는데 피아노 독주곡의 창작에 있어 그 공백기를 기준으로 하여 다음과 같이 여섯 단계의 기간으로 나눌 수 있다.

　우선 1906년 이전의 '습작기'인데, 이 시기에 피아노 독주곡 분야에서 바르토크는 개성적인 양식을 확립하고 있지 않았다. 그리고 1908~13년은 '기초적 실험기'로 분류할 수 있다. 이 시기에 바르토크는 여러 가지 형식, 기법, 소재, 표현 내용 등을 담은 피아노 서법을 실험하였고 후에 창작의 기반으로 삼았다. 1915년은 루마니아 민속 음악을 소재로 한 작품이 수없이 쓰여졌는데 한 마디로 '루마니아의 해'였다고 말할 수 있다. 1918~22년은 '과도적 실험기'로 볼 수 있으며 산발적으로 특수한 작품이 몇 가지 탄생되었다.

　그리고 1926년은 '피아노의 해'라고 할 수 있으며, 이 해에 새로운 형식에 의한 본격적인 작품들이 만들어졌다. 이후 그의 창작은 피아노 독주곡 분야에서 멀어지게 되었으나 피아노가 그의 음악에서 차지하는 비중은 결코 작았다고 할 수 없으며 단지 피아노가 사용되는 작품이 협주곡이나 실내악 작품으로 옮겨갔을 뿐이다. 마지막으로 1932~39년의 '미크로코스모스 시기'인데, 이 시기에 바르토크는 그때까지 쌓아온 다양한 어법과 기법을 다시 한번 이 교육적 작품 속에 정리하게 된다.

　앞에서 좌표로 나누어 본 네 개의 영역과, 6단계로 나눈 창작 시기, 이 두 가지의 스케일을 연계시켜 생각해 보면 바르토크 피아노 작품의 다채로움을 대강 파악할 수 있을 것이다. 그러나 그것은 표면적인 것에 불과하며, 실제로 각 작품을 깊이 파고들면 들수록 단순하지 않다는 것을 깨닫게 된다. 민속 음악을 실제로 인용하지 않았다고 해서 그 작품이 민속 음악과 연관이 없는 '추상적' 작품이라고는 할 수 없다. 어쩌면 본질적인 부분에서는 민속 음악의 영향을 받았다고 말할 수 있을지도 모른다 (《피아노 소나타》 제3악장의 발상은 그의 민속 음악 연구를 배제하고는 평할 수 없지만 좌표로는 표현이 불가능하다). 예를 들면 《모음곡》은 1916년에 쓰여진 중요한 작품이지만 앞에서 논한 창작시기와 일치하지 않는다. 개인적인 의견이지만 그 이유는 '기초적 실험기'의 마지막에 이르러 그것을 집대성했기 때문인 것으로 여겨지며, 또한 그 시기가 '루마니아의 해'와 겹치기 때문에 단순히 '시기'라는 측면만으로는 정확한 위치를 파악하기 어렵다. 이와 같은 문제는 여기에서 모두 상세히 논할 수 없기에 필자는 출발점으로서의 스케일만 제시하는 것으로 마무리짓고자 한다.

　독자 여러분은 이 악보집을 직접 느끼고 그것을 상세히 해석해 가면서 각자 스스로 해답을 찾아보아야 한다. 바르토크의 음악은 독자 여러분의 기대를 충분히 만족시킬 만한 가치와 깊이를 지니고 있기 때문이다.

이토 노부히로(伊東信宏)

[작곡 연도] 1926년, 1932~39년(상세는 다음 페이지 참조)
[초   연] 1937년 2월 9일, 런던에서, 27곡이 연주되었다.
[헌   정] 제1, 2권은 피터 바르토크에게, 제148~153번 <불가리아
             의 리듬에 의한 6개의 무곡>은 해리엇 코헨에게 헌정되
             었다.

《미크로코스모스》는 피아노 초급자를 대상으로 한 교육적인 목적을 지닌 작품집이다. 이 작품집에는 피아니스트가 리사이틀에서 연주해도 좋을 만큼 난이도가 높은 곡도 수록되어 있고, 실제로 바르토크 자신이 1930년대 말부터 자신의 리사이틀에서 이 《미크로코스모스》 가운데 몇 곡을 채택하는 일도 예사였으나, 바르토크가 이 곡집을 피아노 레슨 현장에서 사용하는 것을 가정하고 작곡한 것은 틀림없다.

이러한 교육적인 의도를 가진 작품집은 음악사에서 드물지 않다. 바르토크 자신이 서문에서 언급한 바흐의 《안나 막달레나 바흐를 위한 클라비어 소곡집》이나 체르니의 다양한 기술적 훈련을 위한 곡집, 또는 슈만의 《어린이 정경》(1838년)이나 《어린이를 위한 앨범》(1848년), 그리고 드뷔시 《어린이의 세계》(1908년)나 《12개의 연습곡》(1915년), 스트라빈스키 《다섯 손가락으로》(1921년) 등, 바르토크가 의식적으로든 무의식적으로든 모델로 참고했을 곡집은 적지 않다. 또한, 바르토크 자신의 예전 작품들 중에도 《어린이를 위하여》(1909년)나 《피아노 1학년생》(초판은 1913년)처럼 교육적인 의도를 지닌 작품들이 있었다. 이러한 작품들 가운데 바르토크의 《미크로코스모스》는 어떤 특징이 있다고 할 수 있을까.

먼저, 바르토크 자신의 이전 작품들과의 관계를 정리해 두자. 《어린이를 위하여》는 초급자를 대상으로 한 기술적으로 쉬운 작품이라는 의미에서는 《미크로코스모스》와 공통된 목적을 가지지만, 민요 선율을 직접 사용했다는 점에서 차이가 있다. 《어린이를 위하여》는 바르토크가 민요 수집을 체계적으로 시작한지 불과 수년의 단계에서 쓰여진 곡집으로, 민요와의 만남이라는 충격이 아직 생생했고, 그 만큼 그가 민요를 어떻게 소화해낼 것인지 계속해서 씨름하던 시기의 작품이다. 그에 비해 《미크로코스모스》의 경우는 이미 민요를 접한 지 20년 이상이 경과하여 당초의 놀라움은 가라앉은 상

태였지만, 오히려 그 영향은 더욱 심화되어 있었다. 이 작품에서는 제68번 <헝가리 무곡>과 같은 민속음악의 소재나 요소를 사용한 작품이 다수 보이는데, 그 대부분은 민요 소재 자체를 직접 인용하지 않고 바르토크 자신의 창작에 의한 선율을 사용했다(민요 선율을 인용한 것은 제74번, 제95번, 제112번, 제127번의 네 곡뿐이다).

또한 《피아노 1학년생》이라는 곡집은 원래 바르토크가 젊은 동료 S. 레셰프스키와 협력해서 만든 《피아노 교본》을 위해 만들어진 작품인데, 여기에는 《미크로코스모스》의 습작이라고도 할 수 있는 것들이 많이 포함되어 있다. 특히 제1권의 대부분의 곡은 《피아노 1학년생》(또는 그 오리지널인 《피아노 교본》)과 직접적인 관련이 있다.

이러한 본인의 작품들을 넘어 다른 작곡가들의 작품과의 관계에 대해서 이야기하면, 바르토크의 유니크함은 그가 여기에서 반드시 '어린이'를 대상으로 한 알기 쉬운 곡을 쓰겠다고 하는 의식이 없는 것처럼 보이는 것에 있다. 슈만, 또는 드뷔시의 예에서는 음악 내용은 (물론 매우 세련된 형태라고는 하지만) 어딘가 '동요'스러웠다. 그것은 소박한 동경이거나(《어린이 정경》 제1곡 <미지의 나라들>이나 《어린이의 세계》 제4곡 <눈은 춤춘다>), 다소 괴기스러운 꿈이거나(《어린이 정경》 제2곡 <신기한 이야기>나 《어린이의 세계》 제6곡 <골리워크의 케이크워크>), 사랑스러운 모습이거나(《어린이 정경》 제12곡 <잠자는 아이>나 《어린이의 세계》 제2곡 <코끼리의 자장가>), – 결국 그것은 어른과는 다른 어린이들의 세계를 향한 상상력으로부터 태어난 음악이었다. 또는 스트라빈스키의 경우, 그 단순함은 동시대 음악의 극단적 난해함이나 밀도에 대한 풍자적인 의미를 지니고 있었다.

이들 예와 비교해보면 분명해지듯 바르토크의 《미크로코스모스》에서는 아이들의 세계에 담긴 낭만과적인 꿈은 대부분 그 모습을 감추고 있다. 혹은 일부러 '단순함'을 가장한다고 하는 굴절조차 없다. 대신 여기에서 지향하는 것은 바로 지극히 긴밀하고 정교한 자립적 음악작품일 뿐이다. 비유해서 말하자면, 쉬운 단어로 쓰여져 있지만 그것이 지향한 것은 알기 쉬운 단순한 스토리, 사랑스러운 '동요'가 아닌, 어른들의 문제를 다룬 '단편

소설'이었다고 할 수 있다. H. 다누저는 『음악학을 위한 새로운 핸드북』에서 '바르토크의 생애의 확신은 기술적으로 다양한 레벨의 난이도에서 새로운 음악을 쓸 수 있다고 하는 것이다'라고 간결하게 정리했는데, 그것은 《미크로코스모스》의 이러한 성질을 염두에 두고 한 말이라 할 수 있겠다.

곡은 153번까지의 번호가 있다. 단, 제2번처럼 a) b) 복수의 버전이 포함된 곡도 있고, 제7번과 제28번처럼 같은 선율을 다룬 것도 있으며, 또 제8번과 제26번처럼 곡명으로 일종의 계열을 이루는 것도 있고, 제148~153번 <불가리아의 리듬에 의한 6개의 무곡>처럼 하나의 제목을 바탕으로 정리된 것 등이 있어 153곡의 상호 관계는 단순하지 않다. 그리고 제1~4권에는 각 권 마지막에 33곡의 연습과제가 부록으로 포함되어 있고, 또 23곡에 대해서는 글로 된 주석도 있다. 이러한 보조수단은 권수가 늘어남에 따라 점점 줄어들면서 제5, 6권은 실질적으로는 연주회의 레퍼토리로도 가능한 일반적인 소품집에 가까워진다.

이들 작품집을 다양한 관점으로부터 분류하는 시도는 지금까지 많이 이루어져 왔다. 바르토크 자신은 서문 등에서 이들 각 권을 1) 초급자용 작품(제1, 2권과 제3권의 일부), 2) 연주회용 쉬운 작품(제3, 4권과 제5권의 일부), 3) 연주회용 어려운 작품(제5, 6권)이라는 세 단계로 나누어 생각했다고 한다. 이것은 아주 실용적인 분류라 할 수 있지만, 이 외에도 선율에 착목해서 그것이 1) 교회선법적인가(제32번 <도리아 선법으로>, 제55번 <리디아 조에서의 셋잇단음표> 등), 2) 5음 음계적인가(제61번 <5음 음계의 선율> 등), 3) 장단의 3도를 동시에 사용했는가(제59번 <장조와 단조> 등), 4) 반음계적인가(제54번 <반음계>)처럼 분류하는 것도 가능하다. 또한 타이틀에 주목해서 이것을 1) 피아노 기법이나 작곡 기법에 관한 것(제99번 <교차하는 양손>이나 제93번 <4성부> 등), 2) 곡의 민속적 유래, 또는 음악사 상의 유래를 나타내는 것(제90번 <러시아 풍으로>, 제50번 <미뉴에트> 등), 3) 전통적 음악양식을 나타내고 심리적인 기분을 표현하는 것(제45번 <명상>, 제111번 <간주곡> 등), 4) 장르나 표제적 내용을 나타내는 것(제72번 <용의 춤>, 제109번 <발리섬에서> 등)으로 분류하는 논자도 있다. 그리고 F. 오스카는 『바르토크·미크로코스모스의 세계』(전음출판, 1998년)에서 곡의 성격을 다음과 같이 아홉 가지로 분류했다.

1) 특정한 성격을 가진 선율에 의한 것
　　a) 민족적 성격의 것
　　b) 음악사 상 과거의 양식과 관련된 것
2) 거친 리듬을 주체로 한 것
3) 무궁동적 연습곡
4) 서정적, 목가적이고, 노스텔지어적(향수적)인 것
5) 애가, 비가
6) 낭만파적인 것
7) 신비적, 인상주의적인 것
8) 쾌활하고 무곡적인 리듬을 가진 경우
9) 괴이하고 익살스러운 성격을 가진 것

이 분류는 목적에 따라 어느 정도 도움은 되겠지만, 이것을 단순하게 '기술적 훈련'과 '성격적 소품'처럼, 이분화해 버린다는 점에서 경계해야 할 것이다. 《미크로코스모스》의 최대의 아름다움은 바로 이러한 기술/정감의 구분이 없다는 것에 있다. 얼핏 보면 기술적 훈련을 위한 소재로 보이는 작품도 실제로 그 내용을 검토해보면 아주 명확한 분절과 기능적 변별을 지닌 작품으로 성립되어 있다. 또한 처음에는 고요하고 편안한 정서를 띠는 성격적 소품으로 보이는 작품도 실제적인 기술의 문제를 출발점으로 해서 구성되어 있기도 하다. 이러한 이분법을 초월한 작품으로서의 높은 질이야말로 《미크로코스모스》를 단순한 연습곡집으로 치부할 수 없는 이유이다.

이러한 몇 가지 특징, 즉 기술적 난이도와는 별도로 새로운 음악이 존립할 만한 태도, 그리고 기술과 표현이라는 이분법을 초월한 어프로치는 훗날 G. 쿠르타크의 《게임》과 같은 작품으로 이어져 현대의 '교육적 작품'에 커다란 영향을 주었다. 그것은 초급자를 위한 기술적 훈련임과 동시에 새로운 음악어법으로의 길잡이이고 작곡상의 아이디어집이기도 하다. 이들 한 작품 한 작품이 제시하고 있는 「미크로코스모스」는 바르토크 음악세계의 단순한 '미니어처'가 아니다.

─────────── **성립 역사**

《미크로코스모스》의 성립에 관해서는 지금까지 상당수의 연구가 이루어져 왔다.

이 곡집이 1932년 무렵에 바르토크의 차남 피터에게 피아노를 가르치기 시작한 것을 계기로 작곡되었다는 것은 잘 알려진 사실이다. 예를 들면, 피터는 훗날 자신이 편집한 《미크로코스모스》의 신판에 첨부한 서문에서 다음과 같이 말했다.

내 기억에 의하면, 아버지는 어느 정도 피아노를 배웠던 사람들만 제자로 받아들였습니다. 그러나 내가 9살이 되던 무렵(1933년 무렵), 아버지는 나에게 피아노를 처음부터 가르치게 되었습니다.

아버지의 교수법은 일반적인 '피아노 주법'의 방법과는 달랐습니다. 나는 우선 처음에는 노래만 불렀습니다. 그 후 연습곡이 만들어졌는데, 그 목적은 손가락의 독립을 훈련시키는 것이었습니다. 레슨 도중 때때로 아버지는 나에게 조금 기다리라고 했고, 책상에 앉아서 묵묵히 종이에 무언가를 써내려 갔습니다. 몇 분 지나 아버지가 피아노 연습곡이나 소품을 가지고 오면 나는 그것을 그 자리에서 읽고, 다음 레슨 때까지 연습해두어야 했습니다.

이렇게 해서 이 곡집에 수록된 몇 곡이 완성되어 갔습니다. 그러나 아버지는 내가 습득해내는 것보다도 빠른 속도로 다른 곡들을 작곡해 나갔습니다. 아버지는 아이디어가 떠오를 때마다 이 작은 곡들을 쓴 것입니다. 얼마 후에는 그들 가운데 필요에 따라 곡을 고를 수 있을 만큼 커다란 콜렉션이 완성되었습니다. 나는 원고들 가운데 나를 위해 선택된 몇 가지의 곡을 연습하게 되었습니다.

또한 B. 스초프가 피터에게 들은 이야기에 의하면, 1932년 무렵 바르토크는 피터가 다니던 학교의 음악수업에 불만을 품고 피터가 학교에서 음악수업을 받지 않아도 되도록 조치를 취함과 동시에 자신이 피터에게 음악을 가르치도록 했다고 한다. 이러한 정보로부터 《미크로코스모스》의 본격적인 작곡은 1932~33년 무렵에 시작되었다고 보여진다.

그러나 1940년에 이루어진 인터뷰에서 바르토크는 다음과 같이 말했다.

《미크로코스모스》 가운데 1곡은 1926년의 《9개의 피아노 소품》과 비슷한 시기로 거슬러 올라갑니다. 사실 이 작품은 《9개의 피아노 소품》의 10번째 곡이 되었을지도 모릅니다. 그러나 그 당시에는 결국 작품집에 포함되지 않았습니다. 그 무렵 나는 이미 초급자를 대상으로 하는 아주 쉬운 피아노곡의 아이디어를 떠올리고 있었습니다. 그러나 실제로 그 작업에 착수한 것은 1932년 여름으로, 그 때 약 40곡을 작곡했습니다. 1933년부터 34년까지 추가로 40곡을 더했습니다. 그 후 몇 년간 20곡을 더 쓰고, 1938년까지 총 100여 곡을 작곡했습니다. 그러나 아직 무언가 부족한 느낌을 받아서 그것을 작년에 썼고, 그때 제1권의 전반 부분이 완성되었습니다.

이 발언은 당시 미국에 보관되어 있던 자필자료의 상황, 연주회 기록, 편지 등으로부터 면밀하게 조사한 J. 빈톤의 고전적 가치를 지닌 연구에 있다(J. Vinton, "Toward a Chronology of the Mikrokosmos", in *Studia Musicologica* 8 (1966), pp.41-70). 이 연구를 바탕으로 각 곡의 성립 시기를 정리해보자.

먼저, 위의 인터뷰의 발언 가운데 1926년에 작곡된 1곡이란 필시 제81번 <방랑>을 가리키는 것이다. 이것은 실제로 《9개의 피아노 소품》과 같은 초고에 들어 있어, 제10번이 되

었어도 이상하지 않을 상황이었다. 또한, 이것과는 따로 제137번 <유니즌>과 제146번 <오스티나토>도 같은 초고에 들어 있었다. 그러나 이들은 아마도 1932~33년 무렵에 큰 폭으로 개정되었다. 그렇기 때문에 바르토크는 위의 인터뷰에서 1곡이 1926년으로까지 거슬러 올라간다고 말했을 것이다. 이러한 점에서 분명한 것은 《미크로코스모스》의 발상은 1926년의 '피아노의 해'에서 보다 투명하고 대위법적인 서법(이것에 관해서는 본서의 서문 '바르토크의 피아노 음악' 및 『바르토크』 제2집에 수록된 《피아노 소나타》, 《창 밖에서》, 그리고 제3집의 《9개의 피아노 소품》의 해설을 참조하길 바란다)으로의 전환과 관계되어 있다는 것이다.

그 후 1932년부터 33년 사이에 작곡되었다고 추정되는 것은 제73번, 위의 제137번의 개정 원고, 그리고 출판되지 않은 제145번의 c) 버전이다.

또한 위의 인터뷰에서 '1932년 여름'에 작곡했다고 하는 '약 40곡'은 분명 다음과 같다(40곡 중에는 출판되지 않은 곡도 포함되어 있으므로 그것들은 생략했다. 이하 번호만 기재함). 32, 33, 34, 35, 37, 47, 48, 53, 57, 58, 59, 60, 62(두 가지 버전), 70, 78, 84, 87, 90, 91, 92, 94, 100, 101, 106(두 가지 버전), 110, 111, 114, 122(제1고), 125, 132, 133, 136(제1고), 145(a, b).

1933년에 작곡되었다고 추정되는 것은 다음과 같다. 12, 18, 19, 20, 25, 30, 36, 46, 51, 63, 64a, 71, 75, 85, 86, 88, 103, 105, 018, 122(개정 원고), 124, 136(개정 원고), 140, 141, 142, 143, 144, 146(개정 원고), 147.

21, 31, 43a(피아노 I), 64b, 74(a&b), 123b의 6곡은 1934년에서 36년 사이의 언젠가 작곡되었다고 보인다.

1934년에 작곡된 것은 11, 22, 41, 49, 55(피아노 I), 56, 61, 67, 76, 77, 79, 80, 82, 89, 93, 99, 112, 117, 118, 131의 20곡. 위의 1933년에 작곡된 29곡과 이것을 합친 49곡이 인터뷰에서 말한 '추가로 더한 40곡'이지 않을까 생각된다.

1935년(또는 1936년)에 작곡되었다고 추측되는 곡이 23, 24, 43b, 44(피아노 I), 50, 52, 66, 116, 123a, 129의 10곡.

1937년의 곡은 109, 120, 130, 138, 139, 148, 149, 150, 151, 153의 10곡.

1938~39년에 작곡된 곡이 40, 45, 54, 65, 68(피아노 I), 69, 72, 95(a&b), 96, 97, 98, 102, 104a, 104b(두 가지 버전), 113, 115, 119, 121, 126, 127, 128, 134/1, 134/2, 134/3, 135, 152. 이것에 더해 권말의 연습과제의 대부분이 같은 해에 작곡되었다.

그리고 바르토크가 위의 인터뷰에서 '작년'이라고 말한 1939년의 4~11월 사이에 마지막 부분이 작곡되었다. 이들은 1, 2, 3, 4(a&b), 5, 6, 7, 8, 9, 10, 13, 14, 15, 16, 17, 25, 26, 27, 28, 29, 38, 39, 42, 43a(피아노 II), 44(피아노 II), 55(피아노 II), 68(피아노 II), 83, 107, 그리고 연습과제의 몇 곡이다. 그리고 확실히 이 곡들이 최종적으로 제1권의 초반부를 구성하고

있어 그의 발언은 자료의 상황으로부터도 거의 뒷받침된다.

*　*　*

그렇다면, 각 곡들은 과연 어떻게 만들어졌을까? 이에 대해서는 곡마다 경우가 다양하기 때문에 여기에서 개략적으로 설명하는 것은 불가능하다. 한 가지 말할 수 있는 것은 이 곡집에서 표면상 눈에 들어오는 주법상의 기술적인 측면, 작곡상의 기술적인 요소는 어디까지나 작품이 완성된 단계에서 결과로 떠오른 것이 대부분으로, 반드시 작품의 '전제'로 사전에 설정된 것이 아니라는 점이다.

예를 들어 제일 먼저 스케치된 제137번 <유니즌>의 경우, 스케치의 제1단계(즉 1926년 단계에서의 스케치)에서는 애초에 곡의 타이틀이 되는 '유니즌'이라는 아이디어도 아직 확실하게 정해져 있지 않았음을 알 수 있다. 바르토크는 스케치를 한 직후에도 상당 부분 수정을 거듭하면서 치밀하게 아이디어를 가다듬었다. 그 후 1932년~33년 무렵, 《미크로코스모스》의 전체 구상이 어느 정도 잡힌 단계에서 수년 전의 스케치를 다시 한번 검토하고 그것을 철저하게 개정했다. 이 개정 원고의 단계에 이르러 그제서야 '유니즌'의 아이디어도 분명해졌다.

즉, 그 창작 과정은 (교육적 목적을 가지지 않는) 다른 작품의 경우와 크게 다르지 않았다. 이 점에서도 《미크로코스모스》는 단순한 '교재'가 아니라고 할 수 있겠다.

─────《미크로코스모스》 제3권, 제4권에 대해서

제3, 4권에는 연주회에서도 다룰 수 있는 비교적 쉬운 작품이 수록되어 있다. 앞 권과 마찬가지로 전곡을 상세히 다룰 수는 없지만, 될 수 있는 한 많은 곡을 접할 수 있도록 선곡해서 기술하도록 하겠다.

제99번 교차하는 양손

또 신기한 조성 기호를 지닌 곡의 등장으로, 쓰이는 음은 왼손 f#, g#, a, b, c, 오른손 b, c, d, e♭, f라고 하는 펜타코드로 둘을 합치면 역시 반음과 온음이 교대로 나타나는 '옥타토닉'이다.

제101번 감5도 간격으로

이 곡에서는 왼손의 테트라코드(①-⑤에서는 e♭, f, g♭, a♭)와 오른손의 그것(a, b, c, d)이 제목이 나타내는 '감5도'의 관계이다. 그러나 양손을 하나의 음 조직으로 보면, 이것은 지금까지 종종 등장한 '옥타토닉'이다. 이 음 조직은 부분적으로 이조되어(예를 들면 ⑥-⑪에서는 이 음 조직은 전체적으로 감5도 상으로 옮겨진다), 곡에 두 번의 고조감을 불러일으킨다.

단, 위의 시스템으로부터 벗어나는 음도 사용되었다. 예를 들면, ⑩의 왼손에 나오는 c#음이 그것으로, 테트라코드(또는 옥타토닉)의 구조상 본래 c였어야 할 음이 반음 이동된 것이다. 이것은 오른손에서 동시에 울리는 f음과의 사이에 완전음정이 만들어지는 것을 피하기 위해 이루어진 처리법이 아닌가 추측된다. 사실 이 곡은 양손 사이에 완전음정이 울리는 것을 철저히 피하고 있다. 이렇듯 장단조의 음악에서는 가장 기본적인 요소가 될 완전음정을 피하면서도 상당히 엄밀하고 안정된 구조를 만들어내는 것이 이 곡의 과제였다고 할 수 있겠다.

제102번 배음(하모닉스)

이 곡에 대해서 바르토크는 '헨리 카웰은 이러한 〔배음〕 주법이나 현을 손가락으로 직접 뜯는 것과 같은 특수한 주법을 사용함으로써 예사롭지 않은 광경을 그려내려고 했다'고 말했다고 전해진다. 바르토크의 후배에 해당하는 G. 쿠르탁의 피아노곡집 《게임》(1979년부터 순차 간행)의 비슷한 예(제1권 《배음의 놀이》나 《슬픈 배음》 등)와 비교해보면, 이 두 작곡가 사이에 무엇이 전해져 내려오고, 무엇이 본질적으로 다른지를 알 수 있어 매우 흥미롭다.

제109번 발리섬에서

말할 필요도 없이 이것은 발리섬의 가믈란 음악에서 힌트를 얻어 작곡된 곡이다. 이러한 아이디어는 이미 드뷔시에서도 찾아볼 수 있는데, 바르토크의 경우 당시 독일어로 된 출판물을 통해 이러한 동남아시아 음악에 관한 문헌적 지식을 얻은 것으로 보이고, 또 1931년에 발간된 베를린 아카이브 편찬의 '동양의 음악'이라는 레코드 시리즈를 통해 소리 자체를 들었을 가능성이 있다.

이 곡의 선율은 예를 들면 ②의 오른손처럼 b, c, f, g♭의 음계로 구성되는데, 이것은 4도를 중심으로 위아래로 단2도를 배합한 것으로, 가믈란 음악의 바로크 음계(반음에 가까운 작은 음정과 3도에서 4도 정도의 커다란 음정의 조합으로 구성됨)를 모방하려 한 것처럼 보인다. 그러나 이 장면에서 왼손에 등장하는 음은 g#, a, d, e♭으로 오른손과 같은 구조(즉 단2도, 4도, 단2도)를 지니는데, 이 둘을 조합하면 이미 등장한 바 있는 옥타토닉이 된다. 바르토크는 자신의 음악어법과 민속음악의 새로운 식견의 접점을 발견하였고, 그 발견으로부터 이 곡이 작곡되었다고 생각된다.

제110번 서로 부딪히는 음

바르토크의 음악에서 3화음의 3도 음이 장·단 두 형태로 사용되는 것은 자주 볼 수 있는데 이 곡은 그 반대로, 공통의 3도 음(이 경우에는 e=f♭)에 대해 그것을 장3도로 하는 틀(왼손의 c-g)과 단3도로 하는 틀(오른손의 d♭-a♭)이 동시에 울리면서 서로 부딪힌다고 하는 아이디어를 전개한 작품.

제112번 민요에 의한 변주

이 곡도 실제의 민요를 직접 인용한 몇 안 되는 예이다. 본래의 선율은 헝가리 민요로, 어디에서나 자주 불리는 노래였던 것 같다. 바르토크의 분류에 의하면 가장 헝가리 느낌이 나는 그룹에 속한다. 곡은 테마가 제시된 후 세 가지의 변주로 이루어진다.

제113번 불가리아 리듬(1)

불가리아 리듬이란 8분음표 정도의 작은 음가가 2개 또는 3개의 그룹으로 조합되어 그 결과로 7박자(2+2+3)나 5박자(2+3, 제115번의 예 참조)처럼 딱 떨어지지 않는 박절이 되는 것을 말한다. 이 7박자는 불가리아의 루체니차라고 불리는 춤곡의 리듬이다. 선율은 바르토크 본인에 의하면 '헝가리다운 느낌'이 나는 것으로, 실제로 바르토크의 『헝가리 민요』 중 제119번이 이에 가깝다.

주요 피아노 작품 일람

BB = 솜파이의 작품번호 *1
Sz = 셀레시의 작품번호 *2
Op. = 바르토크 자신의 작품번호

BB	Sz	Op.	곡 명 (영어)	작곡 연도	수록책
36a	26	1	랩소디　Rhapsody	1904	Ⅲ
45b	35a		치크 지방의 3개의 민요　Three Hungarian Folksongs from the Csík District	1907	Ⅲ
49	41	8b	2개의 엘레지　Two Elegies	1908~09	I
50	38	6	14개의 바가텔　Fourteen Bagatelles	1908	Ⅲ
51	39		10개의 쉬운 소품집　Ten Easy Pieces	1908	Ⅶ
53	42		어린이를 위하여　For Children	1908~09	Ⅶ
54	44	9b	7개의 스케치　Seven Sketches	1908~10	Ⅲ
55	47	8c	3개의 부르레스크　Three Burlesques	1908~11	Ⅲ
56	43	8a	2개의 루마니아 무곡　Two Romanian Dances	1908~10	I
58	45	9a	4개의 만가　Four Dirges	ca.1909~10	I
63	49		알레그로 바르바로　Allegro Barbaro	1911	I
66	52~53		피아노 1학년생　First Term at the Piano	1913(1929)	Ⅶ
67	57		루마니아의 크리스마스 노래 Romanian Christmas Carols	1915	I
68	56		루마니아의 민속 무곡　Romanian Folk Dances	1915	I
69	55		소나티네　Sonatina	1915	I
70	62	14	모음곡　Suite	1916	I
79	71		15개의 헝가리 농민가 Fifteen Hungarian Peasant Songs	1914~18	Ⅱ
80b	66		3개의 헝가리 민요　Three Hungarian Folk Tunes	1914~18	Ⅶ
81	72	18	3개의 연습곡　Three Studies	1918	Ⅱ
83	74	20	헝가리 농민가에 의한 즉흥곡 Improvisations on Hungarian Peasant Songs	1920	Ⅱ
86	77		무용 모음곡　Dance Suite	1925	Ⅲ
88	80		피아노 소나타　Sonata for Piano	1926	Ⅱ
89	81		창 밖에서　Out Doors	1926	Ⅱ
90	82		9개의 피아노 소품　Nine Little Piano Pieces	1926	Ⅲ
92	84		민요 선율에 의한 3개의 론도 Three Rondos on Folk Tunes	1916~27	Ⅱ
105	107		미크로코스모스(전6권)　Mikrokosmos	1926, 1932~39	Ⅳ-Ⅵ
113	105		작은 모음곡　Petite Suite	1936	

*1. László Somfai, Thematische Béla Bartók-Verzeichnis, 1995.
*2. András Szöllösy, Bibliographie des œuvres musicales et écrits musicologiques de Béla Bartók, 1956.
[참고 문헌] David Yeomans, Bartók for Piano ; A Survey of His Solo Literature, 1988.

야마자키 타카시(山崎 孝)

춘추사판 「바르토크 피아노 작품집」(제2기, 전4권)에는 바르토크 필생의 작품 《미크로코스모스》(본서에서는 2권씩 제4~6권에 수록)와 《어린이를 위하여》(제7권에 수록) 등이 수록되어 있다(각 권 수록 작품은 9쪽의 표 참조).

1. 《미크로코스모스》의 교정 원칙으로는 초판 악보(Boosey & Hawkes; London: 부지 앤 호크스 출판사, 1940년) [약어=B & H]를 기본으로 하였다*1.

초판 악보의 계보를 잇는 중요한 새로운 개정판으로서 피터 바르토크의 새 개정판(Boosey & Hawkes New Deginitive Edition, 1987)이 있다*2.

【주요 참고 자료】

· 자필 악보 《미크로코스모스》에 관해서는 부다페스트 바르토크 연구소가 소장하는 자료, 스케치 악보, 정서 악보, 출판사 제출 정서 악보, 초판 악보를 참고하였다. 내용은 뒤에 서술.

· 바르토크 자신의 자작자연 레코딩(1940년, 뉴욕 녹음, Columbia ML 4419) 및 1940년 4월 29일, 5월 16일, 녹음.

· 벤자민 스초프가 감수한 바르토크 아카이브 판(Dover판, 1981년).

*1 초판 악보는 부지 앤 호크스 출판사에서 출판되었는데 미국 초판과 영국 초판은 다른 부분이 있다(최종적으로 영국판이 전세계에 반포되었다). 헝가리 국내용으로 에디티오 뮤지카 부다페스트(EMB)에서 별도 출판되었으나 내용은 B & H판과 같다.

*2 피터 바르토크의 새 개정판은 각국 앞으로 번역 제목이 첨부되어 간행되었으나 각 개정판마다 작업의 차이가 있어 통일되지 않은 부분도 있다.

2. 자필 악보 자료는 다음과 같다.

· PB59 PS 1 초고(90+2쪽), 공개 간행되지 않은 9곡 포함 [PS].

· PB59 PID 1 ID 2 최종적 사보(82쪽), 파기, 이본(異本), 초고 포함 [PID]

· PB59 PETER PID 1 ID 2 아들을 위한 레슨 노트(35쪽)

· PB59 PFC 1 개인적 사보(합계 56쪽) [PFC 1]

· PB59 PFC 2 TPPS 1 미국 초판 악보 Vol.III, IV를 교정한 것

· PB59 PFC 3 출판사 앞으로 보낸 부차적 자료(51쪽)

· PB59 PFC 4 출판용 최종 결정 원고(99+17쪽) [PFC 4]

· PB59 PFC 5 미발행 원고

*PB=Peter Bartók's Archiv(피터 바르토크 아카이브)

S=sketch(초고)

ID=intermediary draft(사보)

PFC=Piano final copy, finished form of the composition(최종 원고)

본서의 교정 작업에서는 상기 자료 중 PS, PID, PFC 1, PFC 4를 가장 중요하게 활용했다.

악보 작성은 초판을 기본으로, 바르토크의 의도를 헤아리고자 PFC 4에 최대한 근거했다. 기본으로 삼은 B & H판은 당시의 정서 기술과 지면 제약 등에 의해 작곡자의 예술이 반영되지 않았다고 교정자가 느꼈기 때문이다. 다시 말해, PS(스케치 단계)로부터 《미크로코스모스》를 조사하면 바르토크가 퇴고를 거듭한 경위를 알 수 있는데, PID로 정서하고 그 복사본을 사용해서 개인적 사보(PFC 1)로써 곡집 《미크로코스모스》를 편집한 것이다. 출판용 최종 결정 원고 = PFC 4를 PID의 현 《미크로코스모스》의 전곡 번호순으로 편성했다. 단, 수정 단계에서 PFC 4에 빠뜨린 것이 PFC 1에서 적지 않게 발견되었다. 의심할 여지없이 교정자가 종합적인 판단으로부터 PFC 1을 채용한 부분이 바로 그것이다(주석에 기재).

PID 단계에서 바르토크는 기보법의 상세한 구별과 분류에 심혈을 기울였으나 초판(현행 B & H)에는 그것들이 반영되지 않았다. 다성부의 구별, 예를 들어 상성부는 우측, 하성부는 좌측에 둔다. 즉, 같은 위치에 온음표가 나열된 경우 우측의 온음표는 상성부이고 좌측의 온음표는 하성부이다. 셈여림의 위치, 음표와 음표 꼬리, 연음표의 위치. 이들은 다성 진행의 경우에는 해당되는 성부에 기재하였다. 기보법 규칙에서 벗어났다고 보이는 경우에는 앞뒤 관계로부터 상성부, 또는 하성부의 연속으로 인식된다. 이음줄의 위치, 스타카토의 위치, 악센트(>기호와 ∧기호)의 구별, 종렬로 줄지은 복수의 쉼표(상성부와 하성부)의 존재 등을 작곡자는 최대한 정확하게 기재하였다. 곡 완성 후, 악구의 삽입으로 인한 이들 위치의 애매함은 그렇다 처도 바르토크는 경탄할 만큼 면밀하게 기보했음을 알 수 있다. 특기사항은 해당 악곡의 주석에 서술하였다.

3. 교정자의 텍스트 첨가 및 보충 등은 [ ]로 표기하였는데, 기보가 번잡해지거나 그 자체가 명백한 경우에는 [ ]로 표기하지 않고 중요한 부분만을 골라 교정 보고에 기록하였다. 임시 기호에 관해서는 원칙적으로 초판의 기보 상태를 따랐고, 오해의 소지가 없는 한 별도로 보충하지 않았다. 그리고 교정자의 주의 임시기호 보충에 관해서도 자세히 언급하지

않았다.

4. 각 곡의 타이틀은 독일어, 헝가리어, 한국어 순으로 나타내었다. 제목의 언어는 헝가리어와 독일어뿐이었다. 출판 직전 **PFC 4**에 영어를 추가했다. 가곡의 가사는 헝가리어가 주체였으나, **PFC 4**에서 영어와 프랑스어의 자리(독일어는 언급하지 않았다)를 비워놓도록 지시되어 있다.

스케치 단계부터 제목이 지정된 곡, 도중에 변경된 곡, 제목이 없는 곡 등 다양하다. 변경된 경우에는 공통된 이유가 있다. 바로 작곡 수법이나 연주 수법의 관점을 학습자가 이해하기 쉬운 '성격적 소품 제목'으로 한 것이다. 예를 들면, 〈유지되는 음에 대해 독립한 음의 진행〉 또는 〈강화된 2성부〉를 〈격투기〉로 변경했다. 참고로 〈강화된 2성부〉는 아들 피터의 레슨 노트에 기입된 제목이다.

그런데 이 레슨 노트에는 >기호가 다수 기입되어 있지만 출판 시에는 생략되었다. 다른 예로부터 이것이 악센트 기호가 아닌, 박절감을 정확하게 유지시키기 위해서라고 이해할 수 있는데 인쇄해서 보니 악센트 기호와 박절감의 기호가 구분하기 어려운 관계로 작곡자가 생략했다고 한다. 초기의 작품 《14개의 바가텔》에서 기호의 굵기로 구별하려고 한 노력이 보이지만, 출판 단계에서 단념했다.

(또한, 《미크로코스모스》의 보급에 따라 각국 언어로 된 제목이 추가되었다. 번역 제목을 다시 번역함으로 인해 의미가 원제로부터 벗어난 경우도 있다.)

5. 메트로놈 숫자를 작곡자는 상당히 중요시했다. 작곡자는 자필 원고에서 연주 시간을 (1′ 15″)로 표기했으나, 출판 직전에 [1 min. 15 sec.]의 영미방식으로 수정했다. 만국공통은 자필 원고 방식이므로 본서는 자필 원고의 표기에 따랐다.

6. 페달 표기는 작곡자의 지시만으로 한정하였다(작곡 시기에 따라 미묘하게 변화되고 있음). 구체적인 페달 사용에 관해서는 특징적인 부분만을 연주 노트에 기재했다.

7. 운지법에서 이탤릭체 숫자는 작곡자가 표기한 것이며, 일반 숫자는 교정자가 제안한 것이다. 손을 교체해야 할 필요가 있는 경우에는 m.d.(오른손), m.g.(왼손) 또는 ⌊(오른손), ⌈(왼손)으로 보충하였다(특히 주의해야 할 경우에는 연주 노트에 기재함).

8. □의 숫자는 마디 번호를 나타내고, 상·중·하는 각 악보의 상단, 중단, 하단을 나타낸다.

────────────────────── **제4권**

제97번
마지막 3마디, 모든 자료의 두잇단음 4분음표는 작곡자의 착각일 것이다.

제101번
17 자료에 존재하지 않는 *p*가 초판에 있다. 본서는 자료에 따라 제외했다.

제103번
26 - 27 초판에는 긴 이음줄이 없다. PFC1에는 빨간 색연필로 기재. PFC4에는 없다. 전후 관계로부터 보완(점선 이음줄).

제105번
45 하성부의 음표 꼬리는 자필원고에 의함.

제107번
작곡자는 임시기호의 위치와 페달기호의 위치를 정확하게 통일시켰다. 즉, ♯와 ♭을 한데 모아서 배치하거나 혼합하지 않았고 본서는 그것에 따랐다. 작곡자는 선율의 셈여림 표기 위치도 정확하게 기입했다.

제110번
PS에는 f♭이 e로 되어 있지만, 피터의 레슨 노트에는 e가 f♭으로 되어 있다.

제111번
27 초판에는 붙임줄이 없다. 자필원고의 이 부분은 상당히 좁은 공간에 덧붙여져 있어 붙임줄의 유무를 확인할 수 없다. 본서는 점선 이음줄로 보완. 모든 자료에는 마지막 3마디에 디미누엔도 ⎯⎯⎯가 있지만 초판에서는 생략되었다. 본서는 보완하였다. 52 의 이음줄도 보완하였다.

제116번
42 *allarg.* 의 위치가 초판에는 잘못 표기되었다. 자료는 제3박에 있다.

제117번
15 초판에는 이음줄이 끊어져 있다. PFC1에는 빨간 색연필로 보완. PFC4에는 없다. 전후 관계로부터 본서는 보완했다.

부록
초판에는 예비연습 No.31(97)이 제3권에 No.31(85)로 되어 있다. 그 후, 지금과 같이 제4권에 배치되었다.

≪미크로코스모스≫ 제4권

제97번 야상곡 Adagio e단조

쇼팽의 야상곡과 마찬가지로 세 종류의 반주 음형, a) 베이스 저음이 가장 중요한 반주 음형 b) 베이스 저음이 마디선 직전에 등장하는 아르페지오 음형 c) 엄지손가락이 2회 이상 등장하여 부선율을 이루는 반주 음형. 스케치 단계에서 바르토크는 반주 음형을 기호로 표시했다. 엄지손가락을 축으로 이루어지는 손가락의 회전, 구부림, 걸침이 선율과 반주 운지법의 기본이 된다.

제98번 엄지손가락 Allegro non troppo 각조·복조

건반악기 연주법의 기본. 손가락의 구부림과 건너뛰기 직전, 대부분의 손가락이 건반에 닿기 직전에 먼저 준비될 것. 엄지손가락의 균형, 부주의로 인해 너무 힘이 들어가지 않을 것. 유니즌의 시작이 어긋남에 의한 미묘한 프레이징 호흡의 깨달음. 카논과는 다르다.

제99번 교차하는 양손 Lento 도리아 선법 + 리디아 선법 8음 음계

이음줄을 동반한 주선율. 레가토 지시의 대선율. 이 차이를 손끝으로 셈여림의 격차 표현. 주선율은 손끝으로 건반에 끈끈하게 달라붙는 듯 레가티시모로.

제100번 민요풍으로 Andante 에올리아 선법(a단조)

주선율과 대선율의 상대적 표현. 3도씩 상승하는 주선율은 고양되는 셈여림으로. 대선율이 장7도의 개리 음정이 좁혀지는 분위기 구성에 주목. 주선율과 대선율의 흐름은 대등한 강약으로 개리 간격을 울리고, 아르페지오 선율은 매끄럽게. 16분음표로 달리지 말 것.

제101번 감5도 간격으로 Con moto 에올리아 선법 8음 음계

동시에 잇달아 등장하는 감5도 또는 증4도로 울리는 음을 들을 것. 모티브 시작의 2분음표를 충분히 울리고, 직전 쉼표로 소리를 명확하게 끊어서.

←→ 는 증4도 또는 감5도

제102번 배음(하모닉스) Allegro non troppo, un poco rubato B장조

무음 터치와 실음 터치에 대응하는 배음 음향을 듣는다. 예리하게 연주되는 실음의 화음, 매끄러운 선율의 터치 구별.

화음에서 순간적으로 손목을 고정시킨다. 선율은 손목을 이완, 손끝을 건반에 밀착시킨다. 손 위치의 민첩한 회전. 정확한 속도 감각.

제103번 단조와 장조 Molto allegro a단조 + B장조

복조의 울림과 다양하게 변화하는 박절의 학습. 각 마디 사이를 구분 짓지 말 것. 음표 꼬리의 정확한 박절감. 지정된 곳 외에 악센트를 넣지 않도록 주의. 연속되는 장3도의 울림을 들을 것. 중간 부분의 화음과 불협화음이 뒤섞인 울림을 구분해서 듣도록.

제104번 조성에서 조성으로 떠돌며 Comodo D장조, 전조, 10도 간격, 복조

복조와 음역 변화에 따른 음색 대답과 음의 색채감을 건반악기에서 오케스트라적 음향을 이끌어 내는 학습. 터치에 의한 변화. 위 성부를 강하게, 아래 성부를 강하게, 레가토와 논 레가토의 교차. 전조에 의한 프레이징, 새로운 이음줄이 나오기 전에 호흡.

제105번 소품(2개의 5음 음계로) Allegro 흰건반+검은 건반, 5음 음계

흰건반과 검은 건반으로 서로 다른 5음 음계의 음색 변화. 평행진행과 반진행의 대조적인 손가락의 움직임. 지속음과 대선율 연주에서 각 손가락의 독립과 손목의 이완, 대선율에서 높은 위치의 터치로 손끝은 강화된다. 8분쉼표는 선율에 도입된 악센트이다.

제106번 어린이의 노래 Moderato 무조 + 복조

4도 음정의 분산적 움직임의 모티브, 흰건반과 검은 건반의 2도 음정 모티브의 대조, 대위법적 전개, 떨어져 있는 조끼리의 엇갈림, 평행진행과 반진행의 교차를 듣는다.

제107번 안개 속의 선율 Tranquillo 5음 음계

밀집화음(안개 속), 선율, 지속음(종소리), 세 종류의 흐름을 듣는다. 페달 지정을 충실하게. 선율은 흰건반이 주체로 1·2옥타브로 확대. 2도의 밀집화음은 흰건반과 검은 건반의 대조. '종소리'를 따로 울리도록.

드뷔시의 《전주곡집》 전곡을 자주 연주한 바르토크에 따르면 드뷔시 풍의 해석을 이 〈안개 속의 선율〉에 대입시킬 수 있을 것이다. 《전주곡집》 제2권의 〈안개〉, 〈낙엽〉에 대해 드뷔시는 '나무들의 빛나는 마지막을 축복하며 낙하해간다. 황금빛 낙엽에서, 그리고 들밭에 잠을 청하는 가느다란 종소리로부터 모든 망각을 권하는 듯한 달콤하고 설득력 있는 울림이 울려 퍼졌다'고 말했다. 또한, 코르토는 '서로 겹쳐진 소리 속에서 공중에 매달려 있는 울림, 단2도의, 혼란스러운 조성의 울림, 그 울림의 증기'를 인지했다. 이 〈안개 속의 선율〉은 이들 해석보다 혹독하지만 요점은 같으며, 여기에 바르토크 음악의 원점이 있다.

제108번 격투기 Allegro non troppo D장조·d단조(무조)

긴 음가의 지속음과 8분음표의 상대적 뉘앙스의 구별. 손목의 고정과 이완. 각 손가락의 독립과 강화. 아들의 레슨 노트에서 해설된 "Zweistimmig in der Verdoppelung" '2개의 지속음과 대립하는 유니즌 8분음표의 세세한 움직임' 손가락의 스트레치 훈련. 지속음은 강한 어택 후, 건반 위에서 가볍게 유지. 8분음표는 논 레가토로.

운지법

종결부

제109번 발리섬에서 Andante 무조 8음 음계

선율(음의 흐름) 안 완전4도의 단조로운 울림, 바깥의 반음 음정이 자아내는 증4도와 감6도(완전5도)의 울림. 완전4도와 단2도의 교차, 증4도와 감5도의 불협화음과 감6도(완전5도)의 화음. 이 불협화성과 화성의 시소게임 같은 전개가 애매하고 몽롱한 울림과 명확한 선율을 구성. 1·2·3옥타브로 확대되는 음향.

제110번 서로 부딪히는 음 Assai allegro C장조+d단조 흰건반+검은건반

C장조와 d단조 조성의 제3음이 이명동음인 것에 주목. 충돌하는 단2도의 완전5도가 돌아 이명동음으로 이어진다. 그 직전에 음을 완전히 끊도록. 페달은 절반을 밟는 것이 아니라 악기의 댐퍼 페달이 살짝 뜬 느낌으로.

제111번 간주곡 Molto tranquillo 프리지아 선법

대위법적 수법. 매끄러운 선율과 단2도 겹음의 대조. 또는 단2도 겹음으로부터 분리, 녹아드는 선율, 명확한 쉼표로 생각할 수 있다. 반복되는 모티브는 변형되고, 세밀하게 신축. 지속음의 울림, 단2도부터 완전5도로 풀어지는 울림을 들을 것. 녹아드는 선율이란 모티브가 반복될 때마다 조금씩 변형되고, 세밀하게 신축되는 것을 말함. 모티브의 취급

법, 평행진행, 대칭진행, 42 - 47 왼손의 겹음(3도 겹음)에서 완전5도로 풀어지는 울림을 충분하게 듣는다. 부드러운 터치의 활용.

제112번 민요에 의한 변주 Allegro, ben ritmato C장조
유니즌에서 6도 겹음, 반음 움직임(주제가 가려진다) 변주곡. <기호의 위치는 바르토크가 지정한대로이다. 아치형의 손바닥, 손목의 이완과 고정.

제113번 불가리아 리듬(1) Allegro molto a단조
정확한 7박자와 중요한 제5박. 이를 자각하고 스타카토 기호가 붙은 4분음표의 딸꾹질 같은 탄력과 충분히 긴 테누토 음표, 감춰진 2+3마디 단위의 5마디. 그리고 7박자는 춤곡 본래의 3박자의 변형으로 세 번째 박이 늘어난 것으로 보인다.

제114번 주제와 전회 Molto moderato b단조
16분음표가 없는 마디가 '전주', '간주', '후주'에 해당하고, 주제로부터 파생된다. 주제는 대조적 아티큘레이션과 프레이징, 음가의 대조, 명확한 쉼표, 손끝의 섬세한 터치로 대칭진행이 표현된다. 각 손을 유니즌으로 연습할 것. 제목의 <주제와 전회>가 2중 장치로, 겹겹으로 쌓여, 오른손과 왼손이 음가를 서로 엇갈리면서 바뀐다. 3 - 5 의 오른손, 11 - 13 의 왼손에서 제목 <주제와 전회>의 참 의도가 명확해진다. 제시부, 재현부에서 대칭진행이 있으므로 확인해 둘 것.

제115번 불가리아 리듬(2) Vivace (무조적인) G조
변화하는 5박자(2+3)(3+2)는 음표 꼬리로 나타나 불안정한 정서와 변덕스러운 감정을 내포한다. 무궁동적인 8분음표 진행의 변화에 일정한 패턴이 있어 반음 이동 변화로 프레이즈를 마무리 짓는다.

제116번 노래 Tempo di Marcia (변칙적인) F장조
5도 음정의 레치타티보(낭독적 가창)와 장6도+장7도의 불협화음. 작곡가가 채집 민요에 부가한 화성의 울림으로, 이어지는 유니즌 선율의 맑은 흐름을 효과적이게 만든다. 화음을 겹음+부선율로 간주하면 좋다(작곡가는 음표 꼬리 기입을 망설였다).

제117번 부레 Allegretto 믹솔리디아 선법
대위법 수법의 다채로운 표현, 대칭·반진행, 긴 음가와 파생되는 8분음표의 카논, 음가의 축소와 이음줄에 의한 호흡, 여기저기 흩어진 악센트 기호와 셈여림에 의한 음색의 변화. 장조와 단조의 미묘한 엇갈림을 들을 것.

제118번 9/8박자의 셋잇단음표 Allegro (변칙적인) C장조
유니즌과 카논의 교차를 듣고 다양한 악센트 기호를 구분할 것. 3/4박자의 셋잇단음표와 같지만 기보법의 차이를 유의할 것. 명료한 8분음표 진행이다. 셈여림 변화와 교차를 주의 깊게 연주.

제119번 3/4박자의 춤곡 Allegretto grazioso E장조
우아하고 단정한 춤곡이지만 바르토크 특유의 어려운 독보. 임시기호의 위치와 사용이 독보를 곤란하게 한다. 제50번 <미뉴에트>를 더욱 어렵게 만들었다. 임시기호의 필연성은 마지막 2마디의 왼손을 f단조로 보면 이해될 것이다. 즉, ♭기호가 전혀 없는 ♯기호 중심의 악곡으로, 상승지향, 밝음 지향이다.

제120번 5도의 3화음 Allegro C장조
명확한 화음연주를 위해 자유자재의 손목, 확고한 손바닥, 확실한 손끝, 양손 검지손가락의 정확한 자세(연주되지 않을 경우에도), 손가락 관절을 분명하게 띄울 것. 메트로놈을 연습한 후에 정확한 아첼레란도 표현은 연속되는 4분음표 진행에서 행한다.

제121번 2성부 연습 Moderato 리디아 선법
헝가리 풍 연타리듬에서 파생되는 모티브의 대위법적 수법. 모티브가 대칭진행으로, 신축과 회귀, 출발-종결까지 같은 손가락으로 반사되듯 연주되어, 2도 음정으로 움직일 때는 매끄럽게, 3도 음정 이상일 경우는 음정 간격을 잘 들으며.

부록

No.31(97) 주요 화음과 7화음이 교차하는 예비 연습. 손가락의 간격을 확장, 제2, 3, 4손가락의 독립을 습득. (초판에서는 제86번의 예비연습이었다.)

No.32(98) 정확한 박절, 7박자를 화음과 유니즌으로 습득. >기호의 위치 변화에 주의.

No.33(113) 정확한 7박자의 기본연습. >기호가 붙은 다섯 번째의 8분음표가 중요.

악보정서　주식회사 쿠라후톤
교열협력　키타무라야스시
　　　　　무라타요오코
　　　　　타나카마리
　　　　　타나카요오코
　　　　　후카야베루타

출판협력　바르토크 연구회

■春秋社版/세계음악전집 목록

No.	도서명	작품명	No.	도서명	작품명
1	바로크 피아노곡집	뢸리 / 쿠프랭 / 라모 / 다캥	40	리스트 1	소나타 / 폴로네즈 II / 발라드 II / 메피스토 왈츠 I / 즉흥곡 왈츠 / 잊어버린 왈츠 제1번 / 위로 / 2개의 전설
2	스카를라티 1	소나타집 제1권(전50곡)	41	리스트 2	사랑의 꿈 / 시적이며 종교적인 선율 / 순례의 연보 제1년 / 순례의 연보 제2년 / 베네치아와 나폴리-순례의 연보 제2년 보유 / 순례의 연보 제3년
3	스카를라티 2	소나타집 제2권(전50곡)	42	리스트 3	초절 기교 연습곡 / 파가니니에 의한 대 연습곡 / 3개의 연주회용 연습곡 / 2개의 연주회용 연습곡
4	스카를라티 3	소나타집 제3권(전50곡)	43	리스트 4	헝가리 랩소디(15곡) / 스페인 랩소디
5	바흐 1	평균율 클라비어곡집 제1권	44	리스트 5	피아노 독주용 개편곡집
6	바흐 2	평균율 클라비어곡집 제2권	45	리스트 6	연주회용 패러프레이즈집
7	바흐 3	프랑스 조곡 / 영국 조곡	46	차이콥스키	소나타 / 사계 / 무언가 / 로망스 / 유모레스크 / 야상곡 외
8	바흐 4	2성부 인벤션 / 3성부 신포니아	47	드뷔시 1	2개의 아라베스크 / 베르가마스크 조곡 외
9	바흐 5	파르티타 / 프랑스 서곡 / 이탈리아 협주곡 / 반음계적 환상곡과 푸가 / 카프리치오	48	드뷔시 2	판화 / 환희의 섬 / 영상 제1, 2집 / 조곡 '어린이 차지' / 12개의 연습곡집
10	바흐 6	토카타집	49	드뷔시 3	전주곡집 제1, 2권
11	헨델	조곡집 / 3개의 연습곡 / 샤콘느와 변주곡 / 환상곡 / 푸가	50	포레 1	야상곡집 (전11곡)
12	하이든	소나타집 / 주제와 변주 / 안단테와 변주 / 환상곡 / 카프리치오	51	포레 2	뱃노래집(13곡)
13	모차르트 1	소나타집 제1권(전10곡)	52	포레 3	주제와 변주 / 즉흥곡집(전6곡) / 전주곡집(전9곡) / 마주르카
14	모차르트 2	소나타집 제2권(전9곡)	53	포레 4	발라드 / 발스·카프리스 / 무언가 / 소품집
15	모차르트 3	변주곡집 / 소곡집	54	포레 5*	듀엣곡집 / 마스크와 베르가마스크 / 환상곡
16	베토벤 1	소나타집 제1권(전11곡)	55	스크랴빈 1	소나타집 제1권
17	베토벤 2	소나타집 제2권(전12곡)	56	스크랴빈 2	소나타집 제2권
18	베토벤 3	소나타집 제3권(전9곡)	57	스크랴빈 3	에튀드
19	베토벤 4	변주곡집(전10곡)	58	스크랴빈 4	전주곡집
20	베토벤 5	바가텔집 / 전주곡 / 론도 / 환상곡 / 폴로네즈 / 안단테 / 엘리제를 위하여 / 에코세즈	59	스크랴빈 5*	마주르카와 즉흥곡집
21	베버	소나타집 / '오라, 아름다운 도리나 벨라'에 의한 변주곡 / 모멘트 카프리치오소 / 화려한 론도 / 무도에의 권유 / 화려한 폴로네즈	60	스크랴빈 6	시곡집 / 알레그로 아파시오나토 / 연주회용 알레그로 / 환상곡 / 환상곡(2대의 피아노) 유작
22	슈베르트 1	소나타집 제1권(전6곡)	61	스크랴빈 7*	소품집
23	슈베르트 2	소나타집 제2권(전5곡)	62	시마노프스키 1	9개의 전주곡 / 변주곡 / 4개의 연습곡 / 소나타 제1번
24	슈베르트 3	환상곡 / 즉흥곡 / 악흥의 한때	63	시마노프스키 2	폴란드 민요에 의한 변주곡 / 환상곡 / 전주곡과 푸가 / 소나타 제2번
25	멘델스존 1	소나타 / 엄격 변주곡 / 안단테와 변주곡 / 기상곡 / 론도 카프리치오소 / 3개의 환상곡 또는 기상곡 / 전주곡과 푸가 / 어린이를 위한 소곡집 / 3개의 연습곡 / 안단테 칸타빌레와 프레스토 아지타토	64	시마노프스키 3	메토프 / 12개의 연습곡 / 가면극 / 소나타 제3번
			65	시마노프스키 4	마주르카집 / 발스 로맨틱 / 4개의 폴란드 무곡 / 2개의 마주르카
26	멘델스존 2	무언가집	66	생상스	카프리스 외
27	쇼팽 1	소나타집 / 발라드집 / 즉흥곡집	67	알베니스 1	이베리아 제1, 2권
28	쇼팽 2	환상곡 / 스케르초집 / 녹턴집	68	알베니스 2	이베리아 제3, 4권 / 나바라
29	쇼팽 3	왈츠집 / 마주르카집	69	알베니스 3	아라곤 - 호다 아라고네자 / 세레나다 에스파뇨라 / 조곡 〈스페인 노래〉(전5곡) / 스페인 조곡(전8곡)
30	쇼팽 4	24개의 전주곡집 / 전주곡 / 12개의 연습곡집 / 3개의 연습곡	70	라벨 1	그로테스크한 세레나데 / 고풍스러운 미뉴에트 / 죽은 왕녀를 위한 파반느 / 물의 장난 / 소나티네 / 거울
31	쇼팽 5	폴로네즈집(전11곡)	71	라벨 2	밤의 가스파르 / 하이든의 이름에 의한 미뉴에트 / 우아하고 감상적인 왈츠 / 전주곡 / 쿠프랭의 무덤
32	쇼팽 6	론도 / 마주르카풍 론도 / 화려한 변주곡 / 변주곡 / 볼레로 / 타란텔라 / 연주회용 알레그로 / 자장가 / 뱃노래 / 장송 행진곡 / 3개의 에코세즈	72	바르토크 1	2개의 엘레지 / 2개의 루마니아 무곡 / 4개의 만가 / 알레그로 바르바로 / 소나티네 / 루마니아 민속 무곡 / 루마니아의 크리스마스 노래 / 모음곡
33	슈만 1	소나타 / 대소나타 / 프레스토 / 스케르초	73	바르토크 2	15개의 헝가리 농민가 / 3개의 연습곡 / 헝가리 농민가에 의한 즉흥곡 / 피아노 소나타 / 창 밖에서 / 민요 선율에 의한 3개의 론도
34	슈만 2	나비 / 다윗 동맹 무곡집 / 사육제 / 어린이 정경 / 크라이슬레리아나 / 빈사육제의 어릿광대	74	바르토크 3	랩소디 / 치크 지방의 3개의 민요 / 14개의 바가텔 / 7개의 스케치 / 3개의 부르레스크 / 무용조곡 / 9개의 피아노 소품
35	슈만 3	아베크 변주곡 / 토카타 / 알레그로 / 변주곡 형식에 의한 교향적 연습곡 / 아라베스크 / 꽃노래 / 노벨레테	75	바르토크 4	미크로코스모스 I / 미크로코스모스 II
36	슈만 4	환상 소곡집 / 환상곡 / 유모레스크 / 야상곡집 / 3개의 로망스 / 숲의 정경	76	바르토크 5	미크로코스모스 III / 미크로코스모스 IV
37	슈만 5	어린이를 위한 앨범 / 다채로운 작품 / 음악 수첩	77	바르토크 6*	
38	브람스 1	소나타집 / 변주곡집	78	바르토크 7*	
39	브람스 2	스케르초 / 발라드 / 왈츠 / 피아노곡 / 랩소디 / 환상곡 / 간주곡	79	러시아 5인조*	보로딘 / 큐이 / 발라키레프 / 무소륵스키 / 림스키코르사코프

※ 세계음악전집은 계속 이어집니다.